Ruth Heil
Vitamine für Herz und Gemüt

Ruth Heil

Vitamine für Herz und Gemüt

mediaKern

Bibliografische Information der Deutschen Nationalbibliothek
Die Deutsche Nationalbibliothek verzeichnet diese Publikation in der Deutschen Nationalbibliografie; detaillierte bibliografische Daten sind im Internet über http://dnb.d-nb.de abrufbar.

ISBN 978-3-8429-1604-3

Bestell-Nr. 512 1604

Umschlaggestaltung, Layout, Satz: J. Deusch
Gesamtherstellung: Drukarnia Dimograf, Bielsko-Biała, Polen
Printed in the EU 2012

www.media-kern.de

Vitamine für Herz und Gemüt

... und Vitaminräubern auf der Spur

Vitamine sind lebenswichtige Stoffe. Daran zweifelt niemand. Und dass Vitaminmangel körperliche Beschwerden und schwere Krankheiten hervorrufen kann, auch das ist bekannt.

Dass unsere Seele aber auch ihre Art von Vitaminen braucht, um sich wohlzufühlen, darum kümmern wir uns zu wenig. Erst, wenn sie Krankheitszeichen zeigt, bemerken wir ihren Mangel. Wir sollten uns besser um sie kümmern, bevor sie am Kummer erkrankt. Denn was uns kränkt, macht uns krank.

Wie können wir unsere Seele bei Laune halten?

Was sollten wir ihr Gutes tun?

Welche Nahrung verträgt sie am besten?

Welche Vitamine bauen auf?

Können wir unsere Seele trainieren, damit sie unterscheiden lernt, was nützlich und schädlich für sie ist?

Lesen Sie selbst, welche Vitamine Menschen in ihrem Leben halfen, um nicht nur zu überleben, sondern wieder froh zu werden und andere froh zu machen.

Nehmen Sie Vitamin F für Freundlichkeit und Lächeln. Entdecken Sie, dass bei Ihrem Lächeln nicht nur andere beschenkt werden, sondern auch in Ihrem eigenen Körper sogenannte Glückshormone (Endorphine) ausgeschüttet werden.

Vertrauen Sie Gott neu Ihr Leben an! Denn es ist bekannt: Wer sein Vertrauen in Gott setzt, lebt gelassener. Vitamin B für Beruhigung im Vertrauen auf Gott.

Gehen Sie schonend mit Ihrem Herzen um, denn Sie haben nur das eine. Vitamin L steht für Liebe. Sie bewirkt eine gesunde Herzerweiterung, die aufatmen lässt, statt sich in dauernder Verteidigungsstellung zu befinden.

Vitamin D für Dank ist ein wirksames Vitamin, das gegen Unzufriedenheit vollen Erfolg zeigt.

Und wer sich selbst mit Vitamin A angenommen hat, braucht sich nicht ständig zu stressen mit Vergleichen.

Entdecken Sie, dass Vitamin V für Vergebung, ein Heilmittel ist für Sie selbst, um wieder froh zu werden, statt mit Bitterkeit Ihre Seele und Ihren Körper zu vergiften.

Das beste ist, Sie brauchen weder Arzt noch Apotheker, um die jeweiligen Vitamine in der richtigen Dosis einzunehmen. Überdosierung bewirkt höchstens, dass Sie sich noch besser fühlen als je zuvor. Denn die Verordnungen der himmlischen Vitamine stammen direkt aus der Apotheke Gottes. Keine Gefahr von Risiken oder Nebenwirkungen!

Augenkontakt mit liebevollem Blick
bewirkt Wohlgefühl
Wer sich selbst annehmen kann,
braucht andere weniger abzulehnen
Aufschreiben von Gutem
bewahrt vor dem Vergessen
Anfangen mit Vertrauen in Gott
– statt sich von Angst jagen zu lassen
Alles in Gottes Hände legen,
dem Ärger keinen Raum geben
Abladen am Kreuz, was mich beschwert,
denn Jesus Christus trägt es für mich
Das ABER hinter jede Angst stellen
ABER ich habe die Welt überwunden, sagt Jesus
Im Abendmahl Jesus Christus begegnen
als Freund, nicht als Richter
Täglich neu zu verinnerlichen:
Ich bin angenommen und geliebt –
von Ewigkeit her gewollt!

Angenommen!
Die Erzieherin Elfriede und ihr Empfang mit offenen Armen

Wenn man sie von Weitem sah, wirkte sie unscheinbar, klein und unauffällig. Doch kam sie näher, war sie unverkennbar! Sobald sie mich erkannte, fing sie an, auf mich zuzulaufen, als wäre dafür ein Preis zu gewinnen. Und das, obwohl sie wirklich nicht mehr ganz jung war! Da breiteten sich ihre Arme aus wie Flügel, und in ihren Augen blitzte Wiedersehensfreude, als würde gerade die Sonne aufgehen.

Und jedes Mal hatte sie mir etwas mitgebracht: Eine Gurke aus ihrem Garten, einen selbst gebackenen Kuchen … Wenn ich mich beschwerte, dass ich nichts für sie hätte, zwinkerte sie mir mit den Augen zu, als würde sie sagen: »Wenn ich nichts für dich hätte, um auszudrücken, wie sehr ich dich mag, wäre ich selbst todunglücklich. Und das willst du mir doch wohl ersparen!«

Inzwischen feiert sie in der Ewigkeit ihre Geburtstage. Ich bin sicher, dass Jesus mit solch offenen Armen, wie sie andere empfangen hatte, auf sie zukam, als ihr Leben auf der Erde zu Ende ging.

Aufschreiben gegen das Vergessen

»Ist das still hier, das kann man kaum ertragen.« Im Hausflur kam mir mein Mann entgegen. »Frau«, schmunzelte er, als er mich anschaute, »warum haben wir nicht mehr Kinder gehabt?«

Ich konnte nicht anders, als in Lachen auszubrechen. Zehn Kinder hatte ich geboren, ein Pflegekind hatten wir angenommen und dann adoptiert. Reichte das nicht? Aber auch ich spürte, wie unser Haus sich zunehmend leerte.

Die meisten unserer Kinder waren zu Ausbildung und Studium überall hingeweht worden, zwei sogar in den USA gelandet. Und dann war manchmal das Heimweh groß. Also plante ich meine erste Reise über den Ozean mit den Jüngsten.

Im Flugzeug standen wir an der Toilette an. Den Kleinen hatte ich an der Hand. Im engen Gang sah er zu mir auf und meinte, indem er liebevoll zu mir aufschaute: »Ach, Mama, du bist einfach die liebste und die schönste!« Noch bevor ich das richtig registrieren konnte, machte sich eine Frau bemerkbar, die auf dem Sitz daneben mithörte.

»Gehen Sie nach Hause und schreiben Sie sich das auf«, sagte sie bestimmt. »Solche Aussprüche sind vergänglich!«

Als ich viele Tage später wieder zu Hause war, schrieb ich es auf. Sonst wüsste ich es jetzt nach fast 20 Jahren nicht mehr.

Aufschreiben, nicht vergessen! Das Gute in Worten festhalten für schwere Zeiten! Die schönen Dinge speichern wie Schätze für Dürreperioden. Sie bewahren vor dem Austrocknen. Nicht umsonst sagte uns deshalb David in Psalm 103: »Lobe den Herrn, meine Seele, und vergiss nicht, was ER dir Gutes getan hat.«

Augen auf!

Geschirrspülen, eine Aufgabe für Haussklaven, signalisierten mir meine Teenager. Dass ich oft dieser Sklave war, schien sie wenig zu interessieren. Das sollte sich ändern. Ab jetzt gab es einen Plan, der jedem in der Familie die Gelegenheit gab, diese Rolle auszufüllen.

Ich kam in die Küche, als eine Tochter sich missmutig mit dem benutzten Geschirr beschäftigte, weil sie an der Reihe war.

Am liebsten hätte ich ihr das Spültuch aus den Händen genommen, so vorwurfsvoll blickte sie mich an. Doch ich beherrschte mich und sagte, so freundlich es mir möglich war: »Wenn du es mit ein bisschen mehr Freude anpackst, geht alles leichter.«

Wie ein Sturmwind brauste mir die Antwort entgegen: »Mama, ich mach es ja schon. Aber das Gesicht musst du mir überlassen!«

Ja, der Gesichtsausdruck hat es in sich! Aber wir sollten uns nicht von jedem Ausdruck unter Druck setzen lassen. Ein Augenblick genügt, um Annahme oder Ablehnung zu signalisieren. Entscheiden Sie sich für Annahme! Blicke können töten, aber sie können auch lebendig machen. Senden Sie einen Blick der Liebe zurück! Das kann Wunder wirken!

Aufschauen auf Jesus!

Immer mehr Kinder füllten unsere kleine Wohnung. Ja, wir hatten sie uns gewünscht, aber es war auch eine große Aufgabe. Doch die war leichter zu bewältigen als die Feedbacks, die wir von unserer Umwelt bekamen: »Noch nie etwas von Pille gehört?«

Unsere Kinder hatten ein weites Herz für Tiere. Es begann mit einer Katze, die ihr Fell verloren hatte, ging weiter über einen alten Stallhasen, der getötet werden sollte und mündete in ein Pony mit Huffäule, das zum Schlachter sollte. So füllte sich Haus und Gelände mit »Viechern«. Eines der Mädchen wünschte sich so sehr einen Elefanten, der natürlich nicht ohne Weiteres zu haben war. Am Geburtstag überraschten wir sie dann mit einer Schildkröte, die schließlich auch außergewöhnlich war.

Jahre später flogen unsere Kinder aus, studierten, heirateten, verstreuten sich in der Welt. Die Kinder gingen, die Tiere ließen sie uns zurück. Die Ponys starben schließlich altersschwach, so erging es auch der Katze. Vögel und Meerschweinchen, Hamster und Zwerghasen gingen nach und nach auch ihren Weg. Nur die Schildkröte blieb uns.

Dieses Tier lehrt mich immer neue Lektionen. Es lässt kein Hindernis aus. Dazu gehören auch die großen Spielzeugautos der Enkelkinder. Statt die 20 Zentimeter um sie herum zu wandern, versucht sie, diese zu übersteigen. Sie fällt dabei häufig auf den Rücken. Wir helfen ihr auf, und sie beginnt von vorne, bis ich schließlich das Gefährt wegräume.

Wie viel Anstrengung machen wir uns oft um nichts! Wir bleiben auf unseren Standpunkten, bis wir Krampfadern bekommen. Manchmal bietet Gott uns auch Umwege an. Deshalb sollten wir nicht stur auf die Hindernisse in unserem Leben schauen, sondern auf Wege, die Gott uns weist. Das himmlische Navigationsgerät sollte bei uns immer eingeschaltet sein. Lasst uns aufschauen auf Jesus, damit wir nicht nur die Berge vor uns sehen, sondern den Weg, den er uns zeigt und sicher führen will.

Und auch das will ich nicht nachahmen, was die Schildkröte Cleopatra mir vorlebt: Wenn sie in ihrem Gehege frei laufen kann, wählt sie immer die Tour am Zaun entlang. Dieses riesige Gehege ist dort völlig abgefressen und niedergetreten, während in der Mitte noch ihre Lieblingsspeisen in Fülle stehen: Klee, Gänseblümchen und Spitzwegerich. Aber sie ist so darauf fixiert, dass es anderswo besser sein könnte, dass sie ihr Schildkrötenleben damit verbringt, nach einem Loch zu suchen.

Aufsehen auf Jesus heißt: wegschauen von meinen Umständen, hin zu IHM. Nicht den Zaun anschauen, der mir signalisiert: Entkommen unmöglich!, sondern den Helfer anschauen, der in mein Leben eingreifen kann, um mein Problem zu beheben!

Das will ich üben: nicht den Zaun meiner Schwierigkeiten zum Mittelpunkt zu machen, sondern die Augen offen halten für das Gute dazwischen.

Abendmahl, das Leben spendende Gesundungsvitamin

»Was passiert, wenn ich diese rote Scheibe vor das Bild halte?«, fragte der Pastor. Ich staunte nicht schlecht. Das ganze, farbige Bild wirkte plötzlich vollkommen rot in unterschiedlichen Hell- und Dunkeltönen.

»Rot verändert zu rot«, kommentierte er. Und er hatte recht.

Wenn wir Jesus Christus unser Leben anvertrauen, gehören wir zu IHM. Der Vater im Himmel erkennt uns dann durch das Blut (symbolisiert im Rot) seines Sohnes an als zu seiner Familie gehörend.

Das versöhnende Blut Jesu macht uns zu Söhnen und Töchtern Gottes. Welch ein wunderbares Bild! Die Vergebung durch unseren Herrn Jesus lässt uns Sünder vor Gott heilig erscheinen! Dank sei Gott, dem Vater, für Jesus!

Bei einem meiner Vorträge hatte ich mir zuvor ein Transfusionsbesteck besorgt. In einer Rotweinflasche steckte das eine Ende, das andere mündete in einen Abendmahlskelch. So tief ist die Liebe Jesu zu uns, dass ER uns sein Blut gibt, damit wir leben können! Ohne diese göttliche Bluttransfusion sind wir buchstäblich des Todes.

Und auch das Brot gehört zu diesem lebensrettenden Vitamin. Denn es ist der Leib Jesu, der für unseren

Leib gegeben wurde zum Heil und zur Heilung. Wir dürfen es aufnehmen zum Leben und Überleben und Ewigleben.

Jedes Abendmahl ist ein Leben spendendes Vitamin aus Gottes Apotheke.

ABER!

In der Welt habt ihr Angst; ABER seid getrost, ich habe die Welt überwunden. (Johannes 16,33)

Dr. Leaf, eine Gehirnforscherin sagt, dass dieses Wort »ABER« für unsere Gefühle eine ganz große Bedeutung hat. Wer nur den ersten Teil des obigen Verses stehen lässt, der ja absolut richtig ist, kann daran zugrunde gehen. Ohne das ABER sehen wir nur auf das Problem, ohne auf eine Hilfe oder einen Helfer zu hoffen.

Wir sollten hinter jedes Problem, das auf uns zukommt, ein ABER setzen. Es ist so etwas wie eine gesunde Trotzreaktion gegen die Verzweiflung, wie es auch in Psalm 73,23 heißt:

Dennoch bleibe ich stets an dir; denn du hältst mich bei meiner rechten Hand.

Ich sehe in diesem ABER ein starkes Abwehrvitamin gegen Entmutigung und Endgültigkeit. Ohne das ABER, das Jesus in diesem Vers spricht, könnten wir verzweifeln. Doch in dem ABER steckt die Kraft für jedes Problem unseres Lebens.

Und auf diese Weise kann ich dann der Verzweiflung begegnen, indem ich ihr entgegenhalte:

Es scheint keine Lösung zu geben,
ABER Gott ist ein Gott der Wunder.
Ich bin schwach,
ABER Gott ist meine Stärke.
Ich bin am Ende,
ABER Gott hat einen Ausweg.
Es ist alles verloren,
ABER Gottes Segen bleibt mir.
Meine Schuld scheint unüberwindbar groß,
ABER Jesus ist größer als meine Schuld.
Ich kann nicht vergeben,
ABER ich werde Jesus darum bitten,
dass ER mir Wollen und Vollbringen
zur Vergebung schenkt.

Berührung schenken
statt bissige Antworten zu geben
Bitten ausdrücken lernen
statt sich in Bitterkeit zurückzuziehen
Buße tun und um Vergebung bitten
statt sich selbst zu bestrafen
Barmherzigkeit für mich und den Anderen,
statt auf Standpunkten herumzureiten
Wer betet, weiß sich bei Gott aufgehoben
und muss nicht biestig werden
Besserwisserei bald begraben
das schafft nur unnötige Wortgefechte
Befreit leben von Vorwürfen,
besser aussprechen, ohne beleidigt zu sein
Wort Gottes essen wie Brot
statt bittere Wurzeln zu bearbeiten
Begegnungen mit Gott suchen und begreifen:
Du bist etwas Besonderes!

Ja. du bist etwas Besonderes.
Das wollte ich dir immer schon
einmal sagen.
Als Gott dich schuf,
legte er liebevoll
Ein Stück von sich selbst
in dich hinein.
Er wollte,
dass du einmalig bist.

Gottes Wort wie Brot essen

Nein, Brot allein macht nicht satt. Denn nicht nur der physische Leib braucht Nahrung, auch die Psyche will gefüttert sein!

Immer wieder rate ich Menschen mit gestörtem Essverhalten, dass sie einen Psalm lesen sollen, bevor sie zu essen beginnen. »Schenken Sie Ihrer Seele und Ihrem Geist Nahrung, damit sie nicht verhungern. Wenn es Ihrer Seele gut geht, hat Ihr Körper weniger Störungen.«

Viele Essstörungen haben ihren Ursprung in einer verzweifelten Seele. Unser innerer Mensch verlangt nach Nahrung. Oftmals lassen wir ihn verkümmern. Nein, nicht nur das Essen ist wichtig. Als Jesus in der Wüste vom Versucher heimgesucht wird, spricht er genau diesen Satz: »Der Mensch lebt nicht vom Brot allein, sondern von einem jeden Wort, das aus dem Mund Gottes kommt.«

Eine Frau, die abhängige, junge Menschen aufgenommen hatte, ermutigte sie, Gottes Wort wie Brot zu essen. Eines Tages fand sie eines der Mädchen, während es in der Ecke eines Zimmers kauerte und heftig kaute. »Was isst du da?«, wollte sie wissen.

»Du hast gesagt, wir sollten Gottes Wort wie Brot essen«, stieß sie mühsam hervor. »Als ich heute Morgen eine Seite in der Bibel gelesen hatte, riss ich sie danach heraus, um sie zu essen. Aber beim besten Willen, ich bekomme sie fast nicht hinunter!«

Ihr erstes, selbst formuliertes Beten

»Hier gehören Sie frühestens in der dritten Generation dazu«, klärte mich eine Frau auf, als wir eingezogen waren. Und als eine alte Dame mit 80 Jahren starb, hörte ich sagen: »Wer war das?« Als Antwort kam: »Es war eine Zugezogene!« Wie sich herausstellte, war diese Frau vor über 50 Jahren in den Ort gekommen.

Kennen Sie das? Man zieht in ein Dorf, in dem alle Leute miteinander verwandt sind, und man ist plötzlich Außenseiter.

Für unsere Kinder war das besonders tragisch, nicht dazuzugehören. Außerdem wohnten wir ein Stück außerhalb, was die Kontakte zu anderen Kindern noch erschwerte. Schwierig war ebenso für manche Leute im Ort zu verstehen, dass Gott uns wirklich wichtig ist, und zwar nicht nur sonntags in der Kirche.

Trotzdem öffnete Gott Türen bei Menschen, die sich uns mit ihrer Not spontan anvertrauten. Eines Morgens brachte ich unsere Post zur Poststelle. Die Frau hinter dem Glas sah bedrückt aus. Deshalb fragte ich sie, was ihr fehle. Niemand war im Schalterraum, und so begann sie, mir ihr Herz auszuschütten. Sie tat mir richtig leid. »Darf ich mit Ihnen beten?«, fragte ich sie.

»Ja, gerne«, stimmte sie zu.

»Dann wäre es aber gut, wir hätten nicht die Glasscheibe zwischen uns«, signalisierte ich. Sie öffnete die Tür. Mein Herz war so berührt von ihrer Not, dass ich mich spontan hinkniete und laut für sie betete.

Jahre waren vergangen, als sie mich auf die damalige Situation ansprach. Ich hatte dieses Erlebnis schon lange vergessen. »Wissen Sie, dass ich damals mein erstes selbst formuliertes Gebet sprach? Sie konnten das nicht hören, denn ich redete ganz leise mit Gott. Früher hatte ich immer nur auswendig gelernte Gebete gesagt, aber damals war es das erste Mal, dass ich Gott ganz persönlich flehentlich um etwas bat.«

Ich war sehr berührt und glücklich darüber, dass sie angefangen hatte, mit Gott wie mit einem Vater zu reden. Deshalb wollte ich natürlich wissen, was sie gebetet hatte. Das teilte sie mir dann auch gerne mit: »Ich betete von ganzem Herzen: Gott, lass jetzt bitte keinen Kunden hereinkommen!«

Besonders ausgesucht von Gott für besondere Menschen

Wiebke und Hans-Georg Topf hatten ein perfektes Leben. Beide waren begeistert von ihrem Beruf. Auch in der Gemeinde brachten sie sich ein. Seit zehn Jahren waren sie glücklich verheiratet. Und nun erwarteten sie ein Baby.

Hans-Georg hatte gerade als Kinderarzt begonnen in einer Klinik zu arbeiten.

Es war in der 27. Schwangerschaftswoche, als Wiebke zu einer weiteren Untersuchung in die Uniklinik ging, um einiges abzuklären. Was dabei herauskam, war ein furchtbarer Schock für die Eheleute. Im Ultraschall sah man, dass das Kind keine Arme und verkrümmte Beine hatte. Möglicherweise war es auch geistig behindert. Man riet dem Ehepaar zu einer tödlichen Injektion für das Kind und einer anschließenden Entbindung.

Das Entsetzen darüber war unbeschreiblich. Wiebke konnte nichts mehr an Nahrung aufnehmen. Quälende Gedanken bohrten in ihrer Seele: Wieso ließ Gott so etwas zu? Hatte sie irgendetwas falsch gemacht?

Zu Beginn ihrer Schwangerschaft war ihr eine Karte in die Hände gefallen mit dem Text der Sternstunde: »Als du entstanden bist, das war eine Sternstunde Gottes. Gott sprach: ›Es werde!‹ Dann wurdest du. Du bist kein Unfall und kein Zufall, sondern ein Einfall Gottes …«

Dieser Text hing über dem Wickeltisch. Wenn sie daran vorbeiging, wurde sie von Traurigkeit und Wut erfasst. Die Tränen hinderten sie daran, die restlichen Worte zu lesen.

Für Wiebke war Abtreibung nie eine Alternative gewesen. Aber jetzt war sie selbst in einem tiefen Konflikt. Würde dieses Kind später mit ihnen hadern, dass sie ihm solch ein Leben zugemutet hatten? Und hatte sie selbst die Kraft, mit den Behinderungen ihres Kindes klarzukommen?

Ihr Mann konnte mit der Situation besser umgehen. Er meinte dazu: »Ich habe dieses Kind geliebt, als ich noch nicht wusste, dass es keine Arme hat. Also werde ich es jetzt, wo ich weiß, dass es mich besonders brauchen wird, umso mehr lieben.«

Natürlich half das, aber es löste nicht ihre inneren Konflikte.

An einem Tag war die innere Verzweiflung so groß, dass Wiebke betete: »Gott, ich mache nur dann weiter, wenn du mir heute persönlich zusagst, dass du mich liebst.« Sie saß da und dachte, Gott würde mit ihr reden, aber es kam nichts. Da klingelte das Telefon. Eine Freundin ließ sie wissen, sie hätte ein Päckchen für sie, das schon einige Zeit bei ihr läge. Der Inhalt war dann der Anlass, dass Wiebke überlebte! Sie fand darin ein goldenes Kreuz mit einem Diamanten. Aber noch entscheidender war für sie der beigelegte Brief, der eine direkte Antwort auf ihr Gebet war: »Ich habe Wohlgefallen an Dir, meine Tochter. Meine Liebe ist keine flüchtige Liebe. Sie ist für Dich da in Stunden der Freude, und sie ist für Dich da, obwohl Dein Herz voller Traurigkeit und Verzweiflung ist. Hab Vertrauen! Ich bitte Dich, meine Tochter, schau auf zu mir, schau in mein Angesicht, das voller Güte und Liebe für Dich ist. Ich will Dir helfen und Dich stärken. Dein Sohn ist in meiner Hand. Ich liebe Dich, meine Tochter.«

Die innere Verzweiflung war damit aber noch nicht bewältigt.

Die Geburt zeigte das volle Ausmaß der Behinderung und löste immer neuen Schmerz aus. Bewusst wählten die Eheleute den Namen Josia für ihr Kind. Josia bedeutet »Gott heilt«.

Da war eine tiefe Sehnsucht, Gott würde diesen kleinen Schatz mit Heilung berühren. Für Gott ist nichts unmöglich, das wussten sie ganz sicher.

Wie anders Gottes Antwort auf die vielen Gebete um Heilung dann aussehen würde, konnten sie damals noch nicht begreifen.

Josia ist heute 10 Jahre alt, ein ungeheuer lebhaftes, lebensbejahendes Bündel Fröhlichkeit.

Dieser Junge hat so viel Freude, Gottvertrauen und Liebe in ihr Leben gebracht! Und nicht nur dort, sondern auch zu vielen Menschen, man möchte sagen zu allen, denen er begegnet.

Er ist wie ein Ausrufezeichen Gottes: Sag Ja zum Leben! Das Leben ist herrlich! Gerade hat Josia bei einem Schwimmwettbewerb den ersten Platz belegt.

Seinem schwer erkrankten Großvater hat er in seiner noch nicht ganz fehlerfreien Schrift auf ein Blatt Papier geschrieben: »Jesus, danke für mein Leben. Danke, dass du mich in deiner Hand trägst, du mächtiger Gott. Danke, dass du mich beschenkst. Ich liebe dich.«

Und das, obwohl für den kleinen Jungen das Leben nicht einfach ist.

Einige schwere Operationen und Krankenhausaufenthalte mit wochenlangen Schmerzen hat er schon hinter sich gebracht.

Als im August 2011 wieder eine sehr komplizierte Bein-OP bevorstand, versuchte Wiebke ihn schon im Januar auf deren Notwendigkeit vorzubereiten. »Dein Bein muss zersägt und neu zusammengesetzt werden«, erklärte sie ihm.

Er bemerkte dazu fröhlich: »Mama, dann fang schon mal zu beten an!«

Immer wieder wird Josia mit seinen Eltern zu Fernsehsendungen eingeladen. Es macht ihm riesigen Spaß, den Menschen mitzuteilen, dass das Leben ein Geschenk ist.

Eine Reporterin besuchte die Familie, um mit Josia über seine Behinderungen zu sprechen. Für sie war es unvorstellbar, dass dieser Junge mit einer dauerhaften Fröhlichkeit durchs Leben geht. Deshalb erwartete sie, zu hören, dass er manchmal verzweifelt oder auch ärgerlich sei, wenn Leute dumm redeten. Ob er sich depressiv darüber fühlte, dass er manches nicht könne, was für andere Menschen kein Problem wäre. Josia verneinte. Aber schließlich fiel ihm doch etwas ein, was ihm nicht gefiel: »Ja, heute habe ich mich echt geärgert! Ein Mädchen aus meiner Klasse pubste! Und danach behauptete sie, der Gestank käme von mir!« Als Wiebke gerade eingreifen wollte, um Josia vor weiteren Befragungen zu schützen, löste sich das Gespräch in Gelächter auf.

Heute kann Wiebke bekennen: »Ja, es war eine Sternstunde Gottes, als ER dieses Kind schuf. Josia ist kein Zufall und kein Unfall, sondern ein Einfall Gottes!«

Sternstunde

Als Du entstanden bist,
das war eine Sternstunde Gottes.
Er sprach: Es werde! Dann wurdest Du.
Du bist kein Zufall und kein Unfall,
sondern ein Einfall Gottes.

Und Gott sagt zu Dir:
Du bist wertvoller als ein Stern,
der irgendwann im Weltall verglüht!
Du bist gerufen, für mich zu leuchten.
Ich bin es, der vor Dir hergeht, der helle Morgenstern.
Sei getrost mein Kind, ich weise Dir den Weg,
auch im dunklen Tal!
Du bist kostbar in meinen Augen,
und ich habe Dich lieb!

Ruth Heil

Creativ statt/und chaotisch
creative Menschen sind meist auch chaotisch
Tragen Sie Ihr **Charisma** *mit Gelassenheit*
Charmant statt cholerisch
Lächeln Sie Ihren Gegner an, statt zurückzuschreien!
Christus in mir statt Chaos in mir
Sagen Sie Ihrer Seele: Gott hat den Überblick,
ich brauche ihn nicht zu haben.
Charakter entwickeln
Sie müssen nicht alles tun, was andere wollen
Im Christsein Farbe bekennen
statt sich färben wie ein Chamäleon
Charme und Charisma versprühen
Schlagen Sie mit Freundlichkeit zurück!
Nehmen Sie jede Chance wahr, Freude zu bereiten
Das sind Vitamine, die beim Austeilen auf Sie zurückfallen!

Entwickle Charakter –
glaube nicht alles,
was andere sagen.
Frage Dich bei allem,
was Gott dazu meint.

CCCC Viermal Gütezeichen eines Brillianten

Bevor ein Diamant zum Brillianten wird, sind es bestimmte Vorgaben, die seinen Wert bestimmen. Es sind vier C, nach denen er gewertet wird.

Ein C steht für Carat. Und Carat steht für sein Gewicht und seine Größe.

Ein zweites C steht für Clearity. Je weniger kleine oder große Partikel im Stein eingeschlossen sind, umso wertvoller ist er.

Ein weiteres C sagt etwas aus über seine Farbe. Je weniger Färbung, sei es leicht rosa oder zart grün, umso kostbarer ist das edle Stück. Am wertvollsten ist der Stein ohne jede Farbe. Umso klarer scheint auch das Licht durch ihn hindurch.

Das vierte C heißt Cut. Der Schliff des Steines spielt ebenso eine Rolle. Es gibt ganz bestimmte Vorgaben dafür. Die Art und die Menge des Abbruchs bestimmen die Form. Eine der Formen macht durch den Schliff aus dem Diamanten einen Brillianten. Im fertig bearbeiteten Stein spiegelt sich das Licht in den wundervollen Farben des Regenbogens.

Manches in unserem Leben ist mit solch einem Stein vergleichbar. Doch wir sind noch viel wertvoller. Denn Gott hat uns erschaffen, noch bevor unsere Eltern etwas von uns wussten. Doch wer hat uns gefärbt? Von welchen Angewohnheiten haben wir uns prägen lassen, dass sie ein Teil von uns wurden? Welche Partikel haben sich in diesem Stein eingeschlossen, die das Licht Gottes nicht durch uns strahlen lassen?

Welch großer Meister, der unseren Stein bearbeitet und zum Strahlen bringen kann! Unklarheiten schleift er ab. Aber wir verlieren dabei alte Formen, wenn ER an uns arbeitet. Das ist manchmal unangenehm oder schmerzt sogar. Und während er an uns arbeitet, kommen die Partikel an die Oberfläche, die in uns eingeschlossen sind. Oft erkennen wir mit Schrecken manche Schuld, die wir lange verdrängt haben. Der Meister rügt uns nicht dafür. Er fragt vielmehr: »Darf ich sie dir wegnehmen?« Und dann nimmt er weg, was uns am Strahlen hindert.

Ein Diamant wird erst durch den Schliff zum Brillianten.

Vielleicht haben Sie noch gar nicht Ihren Wert entdeckt. Möglicherweise sehen Sie sich immer nur mit den Augen der anderen an. Bitten Sie Ihren Schöpfer, dass ER Ihnen die Augen öffnet für den Wert, den ER in Ihnen sieht. Lassen Sie IHN den Wert bestimmen. Und der heißt:

Unbezahlbar!

Und noch etwas: Stellen Sie sich doch heute Abend auf die Waage und rechnen Sie Ihre Carat aus! Erinnern Sie sich? Carat steht für Gewicht! Staunen Sie, statt zu jammern!

Und danach haben Sie Mut, dem Schöpfer Ihren Diamanten zu überlassen, damit ER einen Brillianten aus Ihnen schleifen kann. Beim Schleifen verlieren Sie die alte Form, die andere Ihnen aufgedrückt haben, aber auch die Form, die Sie sich selbst geben wollen. Lassen Sie zu, dass der Meister die Arbeit tun darf. ER kennt sich am besten aus.

Charakteristik

»Wir werden in den nächsten Tagen eine Charakteristik schreiben«, informierte mich unsere Tochter kurz in schnippischem Ton. Aus einem liebenswürdigen Mädchen hatte sich innerhalb kurzer Zeit ein stachliger Teenager entwickelt.

»Wen wirst du wählen?«, fragte ich zurück.

»Es soll jemand aus dem engeren Familienkreis sein«, kam es unwillig zurück. Eine weitere Konversation war von ihr diesbezüglich nicht gewünscht.

Zwei Tage danach wurde ich von ihr in Kenntnis gesetzt, dass die Arbeit nun geschrieben sei. Wen sie beschrieben habe, wollte sie mich nicht wissen lassen. Und wieder Tage später informierte sie mich: »Wir haben die Charakteristik zurückbekommen.«

»Dann darf ich wohl unterschreiben?«, fragte ich.

»Wenn die Note besser als 3 ist, braucht man keine Unterschrift«, kam als Antwort.

Ich war traurig darüber, dass wir nicht einfach wie Freundinnen miteinander umgehen konnten. Das hatte ich mir immer gewünscht, wenn die Kinder größer wurden. Aber offensichtlich gehörten da zwei dazu.

Wieder war eine Zeit vergangen. Ich hatte gerade in der Küche zu tun, als unsere Tochter vor mir stand: »Willst du sie sehen?«

Ich war etwas verwirrt und fragte zurück: »Was meinst du damit?«

»Natürlich meine Arbeit«, sagte sie nicht sehr freundlich. Sie holte die Zettel hinter ihrem Rücken vor und blieb vor mir stehen, während ich zu lesen begann. »Meine Mutter«, stand da als Überschrift. Mir wurde ganz schwindelig. Über mich hatte sie geschrieben? Ich kannte fast alle Lehrkräfte, da ich im Förderverein der Schule Vorsitzende war.

Nach dem ersten Schock las ich weiter. Da standen schon in den ersten Sätzen so viel gute Dinge über mich, dass ich es gar nicht fassen konnte. Mit Tränen in den Augen schaute ich unsere Tochter an: »Welche Mutter meinst du denn da?«

Ungerührt schaute sie mich an und sagte: »Ich hab keine andere Mutter als dich!«

Die Arbeit war mit Note 1 benotet. Der Lehrer hatte dazugefügt: »Herzlichen Glückwunsch zu dieser Mutter!«

Danke, Vater im Himmel, betete ich innerlich, dass diese Lehrer noch nie bei uns zu Besuch waren!

Ich bat unsere Tochter darum, diese Arbeit kopieren zu dürfen und hütete sie wie ein Kleinod. Immer wenn es wieder zu Unstimmigkeiten zwischen uns kam, führte ich mir vor Augen: Sie mag mich trotzdem, auch wenn sie es nicht zeigen kann!

Charme und Charakter
Soll ich mal mit deinem Mann reden?

Als wir noch nicht verheiratet waren, tauschte ich mich mit meinem zukünftigen Mann aus, welche Pläne wir für die Zukunft hätten.

»Ich denke, ein oder zwei Kinder wären gut und auch genug, um noch genug Zeit zu haben, Gott effektiv zu dienen«, äußerte sich mein Mann.

Ich war richtig geschockt. »Ein oder zwei? Das ist doch viel zu wenig! Kinder sind eine Gabe Gottes! Ich wünsche mir 12 Kinder!«

Mein Verlobter war eigentlich nicht so schnell aus der Fassung zu bringen. Aber jetzt merkte ich doch, dass er betroffen war. Trotzdem meinte er ganz nüchtern: »Dann lass uns mal mit der Zahl einander näher kommen«. »Sagen wir mal, wir einigen uns auf die Mitte unserer beider Vorstellungen, also fünf bis sechs Kinder.« Doch diese Planungen schienen noch sehr weit entfernt.

Inzwischen waren wir verheiratet. Nacheinander hatten wir drei Kinder bekommen. Nun war ich mit dem vierten Kind schwanger. Zugegeben, wir lebten in sehr engen Verhältnissen, und auch die finanzielle Situation war nicht gerade rosig. Doch wir freuten uns auf den kleinen Schatz.

»Soll ich mal mit deinem Mann reden?«, fragte mich freundlich ein lieber Bekannter. Das war wohl lieb gemeint, aber es machte mich doch ärgerlich. Dachte er, wir seien zu dumm zum Verhüten oder unterstellte er uns, dass wir unüberlegt handelten?

In diesem Fall kam mir mein Mundwerk doch einmal zugut. »Danke, das ist nett gemeint«, konterte ich, »aber ich war da auch dabei. Du kannst auch mit mir darüber reden!«

Doch das wollte er dann doch nicht.

Nach fünf Geburten war es soweit, dass ich dachte, es sei wirklich genug. So anstrengend hatte ich es mir nicht vorgestellt, weder das Kindergebären noch die tägliche Herausforderung mit Kleinkindern.

»Ich hab den Eindruck, Gott hat uns reichlich beschenkt. Aber es ist genug«, gestand ich meinem Mann.

»Was?« Fragend stand er vor mir. »Ich hätte mir niemals vorstellen können, dass wir das finanziell schaffen würden mit so vielen Kindern – und ehrlich, noch weniger hätte ich mir ausmalen können, dass meine Nerven es aushielten. So lass uns doch weiter Gott vertrauen, wenn er uns noch Kinder schenken will.« Er fuhr fort: »Zugegeben, zu Anfang unserer Ehe hatte ich gedacht: Wenn Ruth einmal zwei Kinder geboren hat, wird sie selbst keine mehr wollen. Warum sich also vorher schon Gedanken machen.«

Ich musste lachen und klärte ihn auf: »Weißt du, was ich meinte? Wenn du einmal fünf Kinder hättest, würdest du sicher noch mehr wollen! Nur deshalb habe ich zum Vorschlag von 5–6 Kinder zugestimmt! Wenn du aber jetzt ein Ja hast, dann will auch ich ein Ja haben.«

Nach fünf Kindern nahmen wir noch ein älteres Kind auf, für das im Kinderheim kein Platz gefunden wurde. Dieser Junge wollte unbedingt zu uns gehören. Deshalb adoptierten wir ihn. Danach schenkte Gott uns noch weitere fünf Kinder.

Keines von all diesen Schätzen wollten wir missen. Heute kann ich mir nicht mehr vorstellen, wie das überhaupt möglich war, diese ganzen Kinder großzuziehen. Ich weiß, dass das kräftemäßig und auch finanziell über das Maß eines Menschen hinausgeht. Ja ich bin sicher, dass Gott, ohne dass wir es bemerkt haben, viele Engel als Helfer eingesetzt hatte.

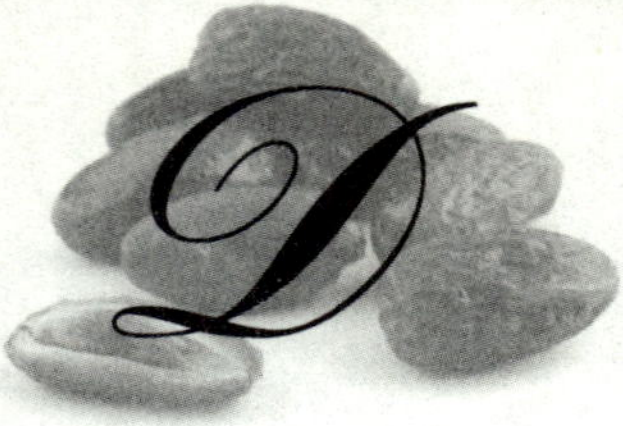

Durchstehen in dem Wissen, Gott ist mit mir
statt durchdrehen und verzweifeln
Durchhalten bei Schwierigkeiten
nicht gleich davonlaufen und aufgeben
Durchblick von Gott erbitten
statt dickköpfig bei meiner Meinung bleiben
Duett erarbeiten, indem man
das Duell mit den zwei Strichen als Kreuz verbindet
Recht hat, wer den Weg Jesu wählt!
Direkt sein, mit Liebe gepaart,
verhütet Sticheleien und Mobbing
Dankbarkeit leben bewahrt vor Unzufriedenheit!
Dank ausdrücken macht dich sympathisch!

Du bist gemeint!

Der Herr bedarf deiner (nach Markus 11,3)

Die ersten Böller hallten durch die Nacht. Eigentlich war ich viel zu müde, um noch wach zu bleiben. Aber es war Altjahrsabend, und in Kürze würde das neue Jahr beginnen.

Wie schnell waren die Monate vergangen! ›Es ist, als flögen wir davon‹, ging es durch meinen Kopf. Hatte ich mich früher nach meinem Geburtstag gesehnt, so musste ich mir jetzt immer überlegen, wie alt ich eigentlich schon war!

Wir saßen mit den Kindern im Kreis und erzählten. Im Rückblick erinnerten wir uns an Bewahrungen Gottes. Und wir staunten, wie viele unserer Befürchtungen ER zum Guten gelenkt hatte. Für das neue Jahr zog jeder ein Bibelwort, das uns durch die Tage des neuen Jahres begleiten sollte. »Der Herr bedarf deiner«, stand auf meinem Kärtchen. Es war ein Vers aus dem Neuen Testament. Dieser Vers machte mich richtig froh. Wenn Gott mich gebrauchen wollte, so war das eigentlich mein tiefster Wunsch. Die Gedanken zu unserem jeweiligen Wort tauschten wir aus. Mein Mann aber schmunzelte, als er meinen Vers hörte. »Lies mal den Zusammenhang«, meinte er.

Interessiert schlug ich die Bibel auf. Jetzt wusste ich auch, warum er so eigenartig gelächelt hatte. In Markus 11,3 war von dem Füllen der Eselin die Rede, das den Herrn Jesus beim Einzug in Jerusalem auf dem Rücken tragen sollte. Nach meiner ersten Enttäuschung darüber, dass in diesem Bibelwort ein Esel gemeint war, erfasste mich große Freude. Wenn ich den Herrn Jesus tragen durfte, so wollte ich auch gerne ein Esel für ihn sein!

Du bist bei mir
Aus Psalm 23

Immanuel Kant, der große, deutsche Philosoph, soll gesagt haben: »Es gibt keine tröstlicheren Worte, als die vier Worte aus dem Psalm 23: ›Du bist bei mir.‹«

Dieser Psalm beginnt mit der Aussage: »Der Herr ist mein Hirte.« Für viele Menschen sind die Worte dieses Psalms schon zur Hilfe geworden in schweren Stunden ihres Lebens. Der Vergleich mit dem Hirten lässt innere Bilder vor uns auftauchen: Ein guter Hirte trägt das verletzte Schaf auf den Schultern, er sucht es, wenn es sich verlaufen hat, und er ist auch da, wenn es dunkel und kein Weg zu sehen ist.

Schwere Schmerzen ließen mich Tag und Nacht nicht mehr zur Ruhe kommen. So landete ich schließlich im Krankenhaus. Tag für Tag war ich an eine Dauerinfusion angeschlossen, die Schmerzmittel in meinen Körper tropfen ließ. Trotzdem konnte ich die Schmerzen kaum aushalten. Manchmal stand ich am Stationszimmer mit der Infusionsflasche am Ständer und bettelte um zusätzliche Medikamente.

Oft war ich nicht einmal zum Beten fähig, weil ich keine richtigen Sätze zusammenbrachte. Es war eher ein leises Stöhnen. Doch die vier Worte aus Psalm 23 drängten sich, mitten in meiner Hilflosigkeit, immer wieder auf. Auch wenn ich sie kaum aussprechen konnte, hielt ich die vier Finger meiner Hand vor meine Augen und sprach dabei innerlich gegen alle Verzweiflung die Worte: »Du bist bei mir.«

»Wenn ich auch gleich nichts fühle von deiner Macht, du führst mich doch zum Ziele, auch durch die Nacht«, so heißt es in dem Lied »So nimm denn meine Hände«.

Julie von Hausmann – sie lebte 1825–1901 – hatte diese Verse in einem Zustand tiefster Erschütterung geschrieben. Sie war ihrem Bräutigam in die Mission nachgereist, um dort mit ihm Hochzeit zu feiern. Als sie mit ihrem Schiff angekommen war, fand sie von ihrem Geliebten nur noch sein Grab. Sie schloss sich für einige Tage ein. Dabei entstanden die Verse dieses bekannten Liedes »So nimm denn meine Hände«.

»Du bist bei mir!« Ja, ER war bei mir! Und das ist er auch hier und heute, wenn wir ihn darum bitten.

E

Ermutigung als tägliche Aufgabe
Enttäuschung stellt sich allein ein
Erfrischung am Morgen im Gebet
statt Erdrückung durch Arbeitsfülle
Endlich bei mir mit Veränderung beginnen
statt darauf zu warten,
wann der Andere sich endlich ändert
Erleuchtung im Gespräch mit Gott
die Not im anderen sehen, nicht seinen Vorwurf
Entscheidung, Gott zu glauben
statt mich von Sorgen reiten zu lassen
Engel Gottes als Realität einbeziehen
auch wenn wir sie nicht sehen
Echt sein und Rückrat haben
statt mit den Wölfen zu heulen
Engagiert aufstehen bei Unrecht
statt zu sagen: das geht mich nichts an
Entgiften der Atmosphäre am Arbeitsplatz
statt mitgiften, wenn Schlechtes geredet wird
Essen genießen, Gott hat Vielfalt geschaffen
heute Schokolade ohne Reue, dafür morgen Karotten
Erfahrungen mit Gott aufschreiben
in Wüstenzeiten Konserven hervorholen
Schlechte Erinnerungen heilen lassen
Gute Erinnerungen bewahren

Entschluss

Ich gebe jede Sorge, die mich quält,
jede Angst, die mir droht, bei Jesus ab.
Ich gebe jede Schuld, die mich anklagt,
jedes Versagen, das mich in Unruhe bringt,
bei Jesus ab.
Ich gebe jede Traurigkeit,
die mich abstürzen lassen will,
jeden Verlust, der mir sagt,
er könne keine Tröstung finden, bei Jesus ab.
All das gebe ich in die barmherzige Hand
des guten Hirten, der aufrichtet, tröstet,
vergibt, zur Buße leitet, neuen Mut schenkt,
mir Kraft zur Wiedergutmachung verleiht,
mich zum Aufstehen bewegt,
wenn ich gefallen bin –
und meine Sorgen
zu seiner Angelegenheit macht.

Wenn wir im Gebet unsere Hände
zu Gott erheben,
schickt Gott seine Engel auf den Weg.

Endlich!

Eines unserer Kinder kam zur Schule. Endlich gehörte er auch zu den Großen! Seine Geschwister hatten ihn allerdings vorgewarnt: »Freu dich nicht zu früh! Dann hast du nicht mehr so viel Zeit zum Spielen. Nachmittags musst du auch noch Hausaufgaben erledigen.« Aber all das konnte unseren Jungen nicht erschüttern. Er freute sich trotzdem und war ganz begeistert. Wie lange? Etwa drei Monate lang!

Warten Sie auch gerade auf ein Endlich? Wie oft in meinem Leben konnte ich »Endlichs« kaum erwarten. Dann musste ich im Nachhinein feststellen: Jedes Endlich war eine neue Herausforderung. Deshalb dürfen wir immer wieder auf das Gute in unserem Leben schauen, statt ständig das nächste Endlich herbeizusehnen, – das uns im Nachhinein manchmal stöhnen lässt: »Wie schön war das damals!«

Wir müssen wachsam sein und nicht nur auf das Große im Morgen hoffen! Sonst ist unser Leben vorbei und hatte lauter »Endlichs«, die sich oftmals anders zeigten, als wir erhofft hatten. Und dabei wurden viele kleine und große Gelegenheiten verpasst.

Wer die kleinen Blumen am Wegrand nicht pflückt, liest manchmal zu spät ihre verblühten Blätter auf.

Engel in Aktion

Als wir die vielen Kinder bekamen, hatte man uns immer wieder warnend gemahnt: »Ihr werdet in der

Armut untergehen. Ruth, du wirst nie etwas von der Welt sehen! Außerdem habt ihr als Ehepaar eine Verantwortung vor Gott!« Heute darf ich erleben, wie viel größer Gott ist als alle negativen Vorhersagen.

Wassermassen stürzten mit solcher Gewalt in die Tiefe, dass die Gischt uns ins Gesicht schlug. Das Rauschen glich dem lauten Grollen des Donners eines heftigen Gewitters. Auf einem kleinen Schiff hatten wir uns den Niagara-Fällen genähert und staunten über die Macht des Wassers. Welch ein Gott, der mich so Wunderbares sehen ließ! Nicht einmal im Traum wäre mir eingefallen, dass ich das mit eigenen Augen sehen würde.

Zu dieser Reise war ich von einer christlichen Reisegesellschaft als Referentin eingeladen worden. Wir waren mit einem Kreuzfahrtschiff unterwegs durch die großen Seen Nordamerikas. Viele Landschaften gaben Eindrücke von Gottes großartiger Schöpfung. Aber nicht nur die Schönheit der Natur hinterließ in mir Spuren. Es waren auch die Menschen, die uns durch ihr Zeugnis an ihrem Leben teilnehmen ließen.

Beeindruckend erlebte ich ein Ehepaar. Die Frau war im Endstadium einer Krebserkrankung. Im Rollstuhl sitzend, von der Chemo der Schönheit ihrer Haare beraubt, gab sie ein eindrückliches Zeugnis von der Liebe Gottes. Ja, sie fühlte sich davon getragen, und man konnte ihr das abnehmen, wenn man sie anschaute mit dem Strahlen in ihren Augen.

Nach der Reise blieben wir in Verbindung. Es war noch ein schwerer Weg, den die beiden Eheleute miteinander bestehen mussten. Oft waren sie am Rand von Schmerz, Erschöpfung und Überforderung.

Gott erinnerte mich immer wieder daran, intensiv für sie zu beten. An einem Nachmittag spürte ich wieder diese innere Mahnung, sie im Gebet zu Gott zu tragen. »Herr«, betete ich, »die beiden brauchen dich. Du weißt es. Bitte sei ihnen ganz nah. Schick ihnen deine Engel, dass sie, mitten im Schweren, deine Gegenwart erleben.« Interessanterweise sah ich im Innern plötzlich ein Bild vor mir: Der Ehemann kniete vor dem Bett seiner Frau. Ich hörte sogar, wie er den Psalm 23 betete. Rings um das Bett standen Engel. In leuchtenden Kleidern bildeten sie einen Kreis um das Bett der Kranken. Ihre erhobenen Hände schlossen sich nach oben wie zu einem Dom zusammen. Ich war sehr ergriffen von diesem Bild.

Mit einer Faxnachricht gab ich diese Eindrücke an die beiden weiter.

Am nächsten Tag rief unser Freund an: »Gestern waren wir beide in einem schlimmen Zustand von Verzweiflung und am Ende mit unserer Kraft. Ich ging am Bett meiner Frau auf die Knie und betete den Psalm 23! Dann bat ich Gott inständig darum, er möge uns doch Engel zu unserer Hilfe senden.«

Er berichtete mir, um welche Uhrzeit er in dieser Verzweiflung war und zu Gott gerufen hatte. Es war genau die Stunde, in der mich Gott erinnert hatte, für sie zu beten. Unser Freund war tief bewegt davon, dass Gott sein Gebet erhört hatte. Mein Bild, das ich gesehen hatte, zeigte ihm, dass Gott wirklich Engel auf den Weg geschickt hatte. Er hatte darum gebetet, und mir gab Gott dieses Bild, damit er wusste, dass Gott ihn erhört hatte.

Welch ein Gott, der in diese Erdenuhr hineingreift, um uns miteinander zu verknüpfen.
Welch ein Gott, der uns in seinen Plan einbezieht, indem wir füreinander beten dürfen.
Welch ein Gott, der Engel auf den Weg schickt, um die Seinen zu trösten, zu schützen und zu unterstützen!

Vom Erben

»Haben Sie eigentlich Geschwister?«

»Ja«, antwortete ich fröhlich, »einen älteren Bruder und eine jüngere Schwester!«

»Anscheinend lebt bei Ihnen noch wenigstens ein Elternteil!«

Ich nickte: »Ja, aber woher wollen Sie das wissen?«

»Offensichtlich verstehen Sie sich gut mit Ihren Geschwistern.«

»Auch das stimmt«, gab ich zurück.

Die Frau reagierte nachdenklich: »Dann haben Sie wahrscheinlich noch nicht miteinander das Erbe geteilt!«

Welches Erbe teilen wir miteinander? Was in unserem Leben hat Bedeutung? Ich muss an Abraham und seinen Neffen Lot denken. Abraham, der Ältere, lässt Lot aussuchen, welchen Landstrich er wählen will, als die Herden der beiden zu groß werden. Und Lot will ohne jeden Skrupel die fruchtbare Jordanebene haben. Wenn man schon wählen darf, dann die Chance nutzen, denkt er wahrscheinlich.

Gott offenbart Abraham später, dass er diesen Teil des Landes, Sodom und Gomorrha, vernichten wird. Abraham könnte jetzt denken: Das geschieht meinem Neffen gerade recht, der sich so schamlos das Beste ausgesucht hat. Aber stattdessen ringt er mit Gott darum, er möge die Stadt verschonen. Ja, er beginnt sogar einen Handel mit Gott, um Lot und sein Umfeld zu retten.

Welch ein Zeugnis von Großmut!

Lassen wir uns doch nicht blenden von Vorteilen, wenn wir dabei andere übervorteilen!

Großmut hat noch nie jemandem geschadet, Geiz und Neid aber hat viele Beziehungen zerstört.

Ehe will gelernt sein – Vom Kindergarten zur Schule

Es waren schon einige Jahre vergangen, seit wir geheiratet hatten. Mit welcher Begeisterung hatte ich mich in die Ehe begeben! Aber jetzt war ich manchmal einfach enttäuscht, wie verschieden wir beide waren. Ich konnte nicht begreifen, wieso mein Mann nicht genauso dachte wie ich, Dinge so beurteilte, wie ich sie sah, handelte, wie ich es für richtig empfand.

Walter und Ingrid Trobisch, liebe Freunde von uns, waren gerade zu Besuch. Ingrid klagte ich mein Leid. »Wie lange seid ihr verheiratet?«, fragte sie mich liebevoll.

»Schon mehr als sechs Jahre!«, seufzte ich.

»Aber, meine Liebe«, lächelte sie, »da kommt ihr jetzt gerade aus dem Kindergarten in die Schule. Das war jetzt der Beginn. Aber nun fängt die Schule erst richtig an! Ihr habt noch viel zu lernen.«

Ich empfand diese Aussage nicht unbedingt als Trost. Aber eines begriff ich: Ich darf dazulernen. Es gibt Lösungen! Ich brauche Geduld mit mir und dem Anderen, um ihn wirklich kennenzulernen. Lernen macht nicht immer Spaß. Aber letztlich bringt es Erfüllung, Ergebnisse zu sehen, wenn man ausdauernd an etwas bleibt. Es ist wie ein bestandenes Examen, für das man zuvor viele Jahre investieren musste. Heute sind wir mehr als 45 Jahre miteinander verheiratet. Und ich danke Gott für das große Geschenk unserer Ehe.

Freundlichkeit schenken
statt finstere Blicke verteilen
Fürsorge übernehmen, es befriedigt
statt faul herumzuhängen
Frieden suchen und Frieden stiften
statt festhalten an Streit und Frustration
Freiheit gewähren und Loslassen
statt falscher Überbehütung
Lieber Fehler machen
als Nichtstun
Freundschaften pflegen und feinfühlig sein
statt in Missverständnissen Feindschaft
aufkommen lassen
Frieden Gottes in mein Denken nehmen
die Furcht nicht mit Furcht füttern
Gottes »Fürchte dich nicht!«
als Lebensmotto wählen.

Fürsorge

Er sorgt für mich, wenn klein die Kraft
und groß die Schwachheit ist,
und ich nichts spüre von SEINER
Gegenwart
und kenne kein Warum
und sehe weder Weg noch Ziel.
So ist ER dennoch da,
nimmt meine Hand, ganz ungeseh'n von mir,
stillt Sturm und Wind
und leitet mich auf gutem Weg.
Denn ER ist mein,
und ich bin sein geliebtes Kind.

Don't feed your fears!

Es war in diesem bestimmten Alter, in dem Kinder uns gerne Rätsel zum Lösen aufgeben. »Ein schwarzer und ein weißer Hund kämpfen miteinander. Was meinst du wohl, wer gewinnt?« Als unser Junge gerade aus der Schule nach Hause kam, bestürmte er mich mit dieser Frage. »Nun, weil das Böse in der Welt oft die Oberhand hat, könnte der schwarze der Gewinner sein«, meinte ich.

»Falsch«, stellte er fest.

»Okay, dann hat wirklich mal das Gute gesiegt«, atmete ich erleichtert auf, während ich das Essen für ihn wärmte.

»Wieder falsch«, freute er sich.

»Na ja, einer wird wohl gesiegt haben, wenn du mich danach fragst, welcher gewonnen hat«, antwortete ich ein wenig genervt.

»Tja, das kommt eben darauf an«, sagte er belehrend. »Sowohl der schwarze als auch der weiße kann gewinnen. Es kommt nur darauf an, welchen Hund man besser füttert.«

»Füttere nicht deine Befürchtungen!« Das war das Thema eines Gottesdienstes, den ich in den USA besuchte. Und wen füttere ich? Wie oft gebe ich der Furcht Raum in meinem Herzen, statt mich festzuhalten an der Hand des guten Hirten!

Füttere ich mein Vertrauen in Gott oder gebe ich der Furcht reichlich Futter, bis sie mich in die Verzweiflung treibt? »Es kommt darauf an, wen wir besser füttern«, lehrte mich mein Junge.

Und das gilt nicht nur für schwarze oder weiße Hunde!

Fürchte dich nicht!

Es wird behauptet, diese Ermutigung stünde 366-mal in der Bibel. Sogar der Schaltjahrestag sei mitbedacht.

Egal, wie oft es im Wort Gottes steht, offensichtlich bin ich nicht die einzige Person auf der Welt, die sich manchmal fürchtet. Und deshalb hat der liebende Vater im Himmel diese Aufforderung so oft hineinschreiben lassen. Es ist wie eine Erinnerung: Vergiss nicht, dass ich größer bin als alles, was dir passieren kann.

Wie schnell wird die Furcht zum Mittelpunkt unserer Gedanken. Da malt unsere Seele uns schreckliche Bilder vor Augen, bevor überhaupt etwas passiert ist. Diese Furcht kann uns richtig lähmen und Herzrasen verursachen.

So ging es mir, als bei meinem Mann Dickdarmkrebs diagnostiziert wurde. Ich war kaum mehr fähig, einen klaren Gedanken zu fassen. War ich anfänglich noch voller Vertrauen, Gott würde sicher eingreifen und ihn heilen, so steigerte sich meine Furcht, je näher die OP rückte. Acht unserer zehn Kinder lebten noch zu Hause, sechs von ihnen waren mitten in der Pubertät. Wie sollte ich das alleine schaffen? Albträume des Nachts gaben mir den Rest.

Wie sollte ich die Furcht loswerden? Ich warf mich Gott in die Arme: »Herr, wenn du zulässt, dass ich meinen Mann verliere, dann fang mich auf, sonst werde ich verzweifeln.«

Nein, meine Furcht hat nicht bewirkt, dass mein Mann heute nach all den Jahren noch lebt. Auch mein Vertrauen war nicht groß genug. Es war einzig Gottes große Barmherzigkeit, die ihn mir wiedergeschenkt hat.

Als eines unserer Kinder vor kurzer Zeit einen Bekannten besuchte und mir dessen Namen nannte, erkannte ich den Namen jenes Arztes, der vor über 20 Jahren die Diagnose gestellt hatte. »Frag nach«, bat ich unseren Sohn, »ob der Großvater von deinem Bekannten vielleicht jener Arzt von damals ist.«

Er war es. Danach kam ein Anruf dieses Mannes. »Wie geht es heute Ihrem Mann?«, fragte er besorgt.

»Es geht ihm gut«, konnte ich berichten.

»Wissen Sie, dass er einer der wenigen ist, die mit dieser Diagnose, die er damals hatte, heute noch lebt?«

Nein, das wusste ich nicht. Aber ich danke unserem Wunder wirkenden Gott, der uns bis heute einander erhalten hat.

Ich wollte dir eine Freude machen!

Das Dröhnen der startenden Maschine ging mir durch

Mark und Bein. Als sich der schwere Vogel in die Luft erhob, hatte ich das Gefühl, als seien meine Ohren mit Watte verstopft.

Nein, Fliegen ist nicht mein Ding, dachte ich.

Schließlich schwebten wir über weißen Wolken. Wie durch ein Fernglas ließen sie gelegentlich kleine Durchblicke frei, und ich sah die Erde, weit unter uns.

Im ruhigen Flug glitt unser Flugzeug nun durch den Himmel. Tausend Gedanken und Gefühle durchströmten mich. Hatte ich nicht von Afrika geträumt, seit ich 12 Jahre alt war? War es nicht damals bei einer Freizeit, oben in den Bergen am Thuner See, dass ich Gott versprochen hatte, mein ganzes Leben zur Verfügung zu stellen? Mein Herz brannte für Jesus. Ja, ich würde nach Afrika, nach Kamerun gehen, um dort Menschen die gute Botschaft von ihm zu bringen. Das war vor 50 Jahren! Doch noch nie zuvor war ich in Afrika gewesen!

Damals hatte ich Krankenschwester gelernt, weil mir das für diesen Weg geeignet erschien. Ja, und dann war mir mein Mann begegnet, ein Theologiestudent, dessen Herz auch für Jesus brannte. Eine fantastische Liebesgeschichte! Auch er hatte den Ruf Gottes gehört, ihm in Afrika zu dienen.

Während das Flugzeug über die Wolken schwebte, ging vieles durch meinen Kopf. Ja, heute, nach all den Jahren, sah ich Gottes roten Faden durch mein Leben gehen.

liebte ein Mädchen« entstanden, das danach in über 70 Sprachen übersetzt, um die Welt ging.

Langsam gewöhnten sich meine Augen an das Dämmerlicht, nachdem die grelle Afrikasonne mich auf dem ganzen Weg geblendet hatte. Nach Abschiedsreden und Gesang sollte auch ich einige Grußworte sagen. Ich staunte nicht schlecht, als plötzlich durch den Mittelgang viele Frauen singend in bunten Kleidern hereinströmten, sich um mich herum stellten und Eier, Erdnüsse und andere Feldfrüchte vor mir niederlegten. Sie trugen mir ihr Leid vor, das sie als Witwen täglich zu bewältigen hatten. Nach dem Tod ihrer Männer waren sie weitgehend unversorgt. Viele verloren nach der Beerdigung fast alles, da traditionsbedingt alle Habe des Mannes als Eigentum seiner Großfamilie angesehen wird. Auch vom Staat gibt es fast keine Unterstützung.

»Können Sie uns bitte helfen?«, ließ mich eine der 19 Frauen mit flehenden Blicken wissen. Während mir der Übersetzer die Worte nahe brachte, erfasste mich ein tiefes Mitleiden. Die Worte von Horatio Spafford »Wenn Satan mir nachgeht und bange mir macht« gingen durch meine Gedanken. Die Geschichte des Entstehens dieses Liedes hatte ich einige Zeit zuvor gelesen. Und die gab ich nun den Frauen weiter.

Spafford hatte dieses Lied nicht aus dem Moment der Schönheit eines Sonnenuntergangs geschrieben und auch nicht in der Geborgenheit eines warmen Ofens an einem kalten Winterabend. Er war mitten in ein Entsetzen hineingeworfen, das einem die Luft nimmt.

Horatio Spafford (1828–1888) lebte als angesehener und wohlhabender Anwalt in Chicago. Gott hatte ihm und seiner Frau fünf wundervolle Kinder geschenkt. Er war aktives Mitglied seiner Kirche und unterstützte mit großer Freude Evangelisten, unter ihnen auch D. L. Moody, mit dem er befreundet war. Ohne Vorzeichen brachen in seinem Leben, ähnlich wie bei Hiob in der Bibel, Ereignisse ein, die ihn zu zerstören drohten. Als erstes starb sein einziger Sohn plötzlich und unerwartet. Der große Feuersturm in Chicago, 1871, raubte danach große Teile seines Vermögens. Als Moody, zusammen mit Sankey, seinem Sänger, zu einer Evangelisation nach Europa aufbrach, beschloss Spafford, mit seiner Familie teilzunehmen. Er hoffte dadurch, dass seine Familie den schweren Schmerz, den sie erlebt hatten, besser verkraften würde.

Dringende Geschäfte hielten ihn ab, das Schiff, die SS Ville du Havre zu nehmen, das er mit seiner Familie gebucht hatte. So schickte er seine Frau und seine vier Töchter voraus, um ihnen in einigen Tagen nachzureisen. Auf halbem Weg über den Atlantik wurde das Schiff durch ein Unglück von einem englischen Boot gerammt und sank innerhalb 12 Minuten. Mit den vier Kindern zusammen hatte sich die Mutter noch hingekniet und die Kinder und sich im Gebet Gott anbefohlen. Tanetta, Maggie, Annie und Bessie waren unter den 226 ertrunkenen Menschen.

Wie durch ein Wunder überlebte die Mutter als eine der wenigen. »Bin allein übriggeblieben«, soll in dem Telegramm gestanden haben, das Spafford erreichte.

Stunde um Stunde stand Spafford danach auf dem Deck des Schiffes, das ihn zu seiner Frau nach Cardiff, Wales, bringen sollte. Als sein Schiff in die Nähe der Stelle kam, an der seine vier wundervollen Töchter ertrunken waren, gab Gott ihm die Worte dieses Liedes. Genau übersetzt heißt es da: »Wenn Friede wie ein Strom meinen Weg daherkommt, während Sorgen wie riesige Wellen anrollen, was immer mein Los ist, du (Herr) hast mich gelehrt zu sagen: Seele, es ist gut.«

Es war mir, als würde ich nur zu diesen Witwen sprechen, die mit ihrer Armut täglich von Gott abhängig waren. »Dieser, unser Gott, der einen Horatio Spafford in seiner Not trösten konnte, ist derselbe Gott, der auch euch heute trösten will«, sagte ich zu ihnen.

Dann begann ich dieses Lied zu singen. Als ich beim Refrain ankam, stimmten die Frauen in ihrer Sprache ein. Offensichtlich kannten auch sie dieses Lied. Voller Leidenschaft klang es aus diesen Menschen, die vom Leben so benachteiligt waren: »Mir ist wohl, mir ist wohl in dem Herrn.« Und während viele zu Beginn noch unter Tränen sangen, glich ihr Singen immer mehr einem Jubel über die Nähe und Liebe Gottes, die uns trägt, egal, in welchen Umständen wir leben. Ich war so sehr bewegt, dass ich kaum mehr mitsingen konnte. Auch mir flossen die Tränen. Ich schämte mich. Wie viel besser ging es mir in Europa! Und wie oft jammerte ich, wenn etwas nicht nach meiner Vorstellung ging. Hier waren Frauen, die fast nichts besaßen und trotzdem Gott von Herzen priesen.

Inzwischen sind fast vier Jahre vergangen. Gott öffnete Türen und gab mir Mittel und Kraft, für diese Witwen ein Haus zu bauen. Hier treffen sie sich regelmäßig, um miteinander zu beten und sich gegenseitig zu ermutigen. Mit einigen Hilfsgütern, die ihnen zur Verfügung gestellt wurden, können sie sich nun Medizin und andere notwendige Dinge besorgen. Mehrere Nähmaschinen wurden gekauft. Frauen lernen, darauf zu nähen und damit sich und ihre Kinder zu ernähren.

In einem weiteren Teil Kameruns, in Babungo, entstand dieses Jahr eine Schule für Vorschulkinder von Witwen. Eine Lehrerin und zwei Hilfslehrer unterrichten. Die 30 Kinder, für die wir bis jetzt Paten gefunden haben, bekommen täglich eine warme Mahlzeit. Es ist so wichtig, dass sie schon in jungen Jahren von der Liebe Gottes hören, der sie von Anfang an gewollt hat.

Was für einen großen Gott haben wir!

Großzügig sein, weil Gott mit mir großzügig ist
Kleinlichkeit erstickt die Liebe
Geben ohne Angst, nichts zurückzubekommen
Was wir Gott geben, geht niemals verloren
Gelassenheit bei Gott erbitten
statt griesgrämig zu werden
Geduld üben als Unterrichtslektion
statt Gift zurückschleudern, was Bumerangcharakter hat
Gebet um die Gabe der Weisheit
statt unüberlegt zu handeln
Gutes tun tut uns selbst gut
statt Geiz ist geil zu praktizieren
Gott ist größer als mein Problem!
Großes von Gott erwarten
Glücklich sein mit Jesus, ER ist für mich
nicht in Selbstmitleid gefangen sein
Gehorsam seiner Stimme hören
Auf wen ich höre, der bestimmt mein Denken
Gutes weitersagen
statt Garstiges verbreiten
Goldgräber werden in Gottes Wort: Glaube nur!
Gottes größtes Geschenk für mich:
Ich bin gewollt, getragen, gehalten, geliebt, geborgen

Gute Worte tun gut!

Du bist mir wichtig
Ohne dich wäre alles nur halb so schön
Deine Nähe tut mir gut
Bei dir fühle ich mich wohl
Du hast solch ein mitfühlendes Herz
Du bringst alles auf den Punkt
Ich staune über deinen Durchblick
Wenn du da bist, fühle ich mich sicher
Mit dir kann man durch dick und dünn gehen
Du bist wirklich ein kluger Mensch
Bei dir findet man immer Verständnis
Niemand hat solche ausdrucksvollen Augen wie du
Du hast immer ein gutes Wort für mich
Du hast einen Platz in meinem Herzen
Du bist der Beste
Auf dich kann man sich verlassen
Du hast mir so sehr gefehlt!
Wie sehr hab ich mich nach dir gesehnt!
Wie schön, dass es dich gibt!

Gutes tun

Ein Reporter soll Mutter Teresa einige Zeit bei ihren Wegen zu Bettlern, Kranken und alten Menschen begleitet haben. Er entdeckte, dass nicht alle Menschen, denen sie etwas schenkte, es auch so verwendeten, wie es gedacht war. »Es ist bei vielen Menschen umsonst, was Sie erreichen wollen«, bemerkte er. Doch Mutter Theresa erklärte: »Wie die Menschen umsetzen, was ich ihnen gebe, ist nicht mehr meine Angelegenheit. Denn alles, was ich weggebe, schenke ich zuerst meinem Herrn Jesus Christus. Was die anderen damit machen, ist nicht mehr meine Sache.«

Für mich heißt das: Ich soll nicht aus Angst, dass etwas in falsche Hände gerät, gar nichts mehr geben. Ganz gelassen darf ich wissen: Alles, was ich an Gutem tue, ist bei Gott aufgehoben. Ich darf großzügig sein im Geben, denn Gott liebt den fröhlichen Geber. Mit den Empfängern wird Gott dann einmal abrechnen!

»Ich liebe jedes Gramm an dir!«

Nach der letzten Geburt wollte mein Körper die überflüssigen Pfunde nicht mehr hergeben.

Ich konnte mich selbst nicht leiden mit diesem Umfang, der mir unliebsame Fragen einbrachte, wie z. B.: »Schon wieder schwanger?«

Mit allen möglichen Maßnahmen versuchte ich, dem Fett zu Leibe zu rücken, und machte mein Leben und meine Laune an meinem Gewicht fest. Schokolade und ähnliches war von meinem Speiseplan gestrichen. Trotzdem hatte ich gelegentlich solchen Heißhunger darauf, dass ich eine ganze Tafel verspeiste.

Selbstwertzweifel plagten mich, und so stellte ich meinem Mann immer wieder die Frage, ob er mich zu dick fände. Schmunzelnd antwortete er gewöhnlich: »Ich liebe jedes Gramm an dir!«

Das fand ich echt nett. Aber eigentlich ging ich davon aus, dass er mich freundlich anlog.

Eines Tages stand er mit einer großen Schachtel Pralinen vor mir: »Der Inhalt ist von links oben nach rechts unten zu essen!«, ließ er mich wissen, »wann immer du Lust darauf hast.« Und das stand dann auch auf dem beigelegten Zettel.

Konnte es einen größeren Beweis seiner Liebe geben? Er nahm mich an, wie ich war! Ihn störte meine Figur nicht. In seiner Aussage stand letztlich: »Plag dich doch nicht so sehr mit deinem Gewicht herum! Iss doch Schokolade, und sei glücklich!«

Eigenartig. Ich brauchte diese Pralinenschachtel gar nicht erst zu öffnen. Jedes Mal, wenn ich sie anschaute, wurde ich von der Liebe und Annahme, die mir mein Mann entgegengebracht hatte, in meinem Herzen berührt und satt.

Schokolade ist wundervoll. Aber ein Herz, das uns Liebe zeigt, ist mehr als eine Schokoladenfirma wert.

Das eingewickelte Geschenk

»Happy birthday to you«, schallte es aus der Küche, als ich die Tür öffnete. Meine Kinder hatten den Tisch gedeckt, eine Kerze brannte, Geschenke lagen da. »Wie schön, dass du geboren bist, wir hätten dich sonst sehr vermisst«, sangen sie weiter. Dabei überreichten sie mir ihre Überraschungen, liebevoll eingepackte Kleinigkeiten, denn mehr wollte ich nicht haben. Das Schönste für mich waren ohnehin ihre Glückwünsche, die sie dazu aufgeschrieben hatten.

Mein Mann hatte sich bei diesem Spektakel eher im Hintergrund gehalten. Er mochte diese ausgelassene, laute Atmosphäre nicht. Aber jetzt kam er auf mich zu und gab mir die Hand: »Alles Gute, mein Liebes«, sagte er liebevoll. Die linke Hand war, wie üblich bei solchen Gelegenheiten, hinter seinem Rücken. Denn darin hielt er das Geschenk. Sein Rücken war quasi die Verpackung. Nun holte er die Hand samt Geschenk hervor und überreichte es mir. »Leider ist mir das Geschenkpapier gerade ausgegangen«, fügte er lächelnd hinzu.

Ich zögerte, es anzunehmen. Wie viele Jahre hatte ich ihn schon gebeten, es mit Geschenkpapier einzuwickeln, ihm erklärt, dass es sonst auf mich wirkte, als sei ich dem Schenkenden nicht wertvoll. Trotzdem war immer alles beim Alten geblieben. Nun hatte er erstmals zumindest gewusst, was seinem Geschenk fehlte – und es sogar ausgedrückt. Aber innerlich machte mich das eher noch wütender. Er hatte sich also schon zuvor daran erinnert, dass ich gerne ein schönes Papier gehabt hätte – und hatte es doch nicht umgesetzt. Am liebsten hätte ich ihm das Geschenk zurückgegeben. Die Freude war mir vergangen.

Wie hatte ich mich immer bemüht, das Geschenk für ihn geschmackvoll zu umhüllen! Im Lauf der Jahre war ich immer kreativer geworden mit den Verzierungen darauf. Ich wollte ihm damit zeigen, wie wertvoll er für mich war. Mir bedeutete nämlich die Verpackung mehr als das Geschenk. Sie zeigte mir die Haltung des Schenkenden. Mein Mann hatte dies gar nicht richtig gewürdigt. Für meine Begriffe riss er ziemlich unsensibel das Papier auf, um den Inhalt herauszunehmen, meistens, nachdem er zuvor festgestellt hatte, dass es wahrscheinlich ein Buch, eine CD oder ein Handwerkszeug sein würde.

Wieder stand Weihnachten vor der Tür. Viele Vorbereitungen waren zu treffen. Am Nachmittag vor Heiligabend fiel mir siedend heiß ein, dass ich das Geschenk für meinen Mann noch nicht verpackt hatte. »Aber warum soll ich mir jetzt noch zusätzlichen Stress aufladen«, dachte ich fast trotzig. »Dieses Mal werde ich es ihm so überreichen, wie er es immer handhabt, ohne Verpackung.« Nein, zugegeben: keine schöne Weihnachtseinstimmung zum Fest der Liebe!

Der Abend kam. Wir sangen die altvertrauten Lieder, mein Mann las die Weihnachtsgeschichte, wir beteten für Menschen in der ganzen Welt und stellten Kerzen auf die aufgefaltete Weltkarte.

Danach wurden Geschenke ausgetauscht. Innerlich war ich unruhig. Würde das uneingewickelte Geschenk für meinen Mann die ganze Stimmung verderben? Mein Mann holte dieses Mal wie üblich, hinter seinem Rücken das Geschenk für mich hervor. Mir blieb der Mund offen stehen vor Staunen über die wundervolle Umhüllung! »So wolltest du es doch«, schmunzelte er. »Ich hab unsere Mädchen gebeten, das für mich zu erledigen. Denn mit meinen Fingern bekomme ich so etwas nicht zustande.«

Voller Entsetzen dachte ich daran, dass ich nun gerade dieses Mal sein Geschenk nicht verpackt hatte. Kleinlaut reichte ich ihm ohne Worte die CD hin, die ich für ihn besorgt hatte. Zu meiner Überraschung atmete er erleichtert auf: »Endlich hast du begriffen, wie ich es am liebsten habe!«

In Zukunft sparte ich mir die Verpackungen um seine Geschenke, auch wenn mir das zu Anfang schwerfiel, solch eine Gabe zu überreichen. Aber ich stellte fest, wie viel weniger Stress ich dabei hatte. Es kam ja wirklich auf die innere Einstellung des Gebers an und nicht zuerst auf die schöne Verpackung. Ich hatte fälschlicherweise die Einstellung meines Mannes zu mir mit dem Einwickelpapier verknüpft.

Inzwischen finde ich es viel bequemer und sparsamer, ihn auf seine Weise zu beschenken.

Und trotzdem weiß ich es immer noch besonders zu schätzen, wenn er sich die Mühe macht, dafür zu sorgen, dass sein Geschenk für mich liebevoll verpackt ist. Denn er will mir damit sagen: Weil es dir wichtig ist, ist es mir wichtig, dir zu zeigen, dass du mir wichtig bist.

Er würde sicher staunen, wenn er wüsste, wie wenig mir inzwischen das Papier bedeutet, das seine Geschenke umgibt. Denn ich kenne jetzt seine innere Einstellung.

Madam, God is on our side!

Ingrid Trobisch lebte mit ihrem Mann Walter viele Jahre in Kamerun in Afrika. Sie unterrichteten dort in einer Schule in Libamba. Inzwischen hatten sie auch fünf eigene Kinder, die von einer Afrikanerin liebevoll betreut wurden, während sie außer Haus waren.

Ingrid kam gerade vom Schulgebäude zu ihrem Haus zurück, als sie darin mächtiges Geschrei vernahm. Beunruhigt beschleunigte sie ihre Schritte und öffnete die Tür. Mitten im Getümmel und Gerangel ihrer Kinder saß da die Afrikanerin in Ingrids Schaukelstuhl und wiegte sich, das jüngste Kind im Arm, sanft hin und her. Ingrid stand fragend im Raum, während die Afrikanerin sie lächelnd anblickte: »Madam«, meinte sie, »God is on our side.«

»Gott ist auf unserer Seite«, das sollte uns immer wieder bewusst werden, egal, was gerade passiert!

Hoffnungsvoll leben
statt mit alten Kamellen zu versauern
Heilung zulassen
statt immer wieder alte Wunden zu lecken
Hallelujas singen
statt Herrschsucht in mir Raum geben
Hilfe annehmen
statt alles selber machen und zusammenbrechen
Humor nimmt das Leben auf die Schippe
nicht den Menschen!
Hilfe für meinen Nächsten sein
statt ihn zu verurteilen
In der Hingabe selbst Heilung empfangen
aber nicht ausbluten! Wer hilft, lebt länger!
Herzlichkeit lässt aufatmen
Hass aber kostet gute Lebensqualität
Herz Gottes für mich schlagen hören

Er sei dein Hirte,
der dich trägt, wenn du müde bist,
der dich verbindet, wenn du verletzt bist,
der dich in Mutlosigkeit aufrichtet,
der dich in Traurigkeit tröstet
und dich in seinen Armen birgt.
Mögest du dich aufrichten und erkennen:
Der Hirte ist der König der ganzen Erde.

Von hässlich zu himmlisch!

Wie sehr sehnen wir uns danach, willkommen zu sein!

Nichts motiviert uns mehr als diese Vitamingabe: angenommen und geliebt zu sein.

Frauentag auf Schloss Klaus! Erwartungsvoll saßen die vielen Frauen auf ihren Plätzen. Ich war als Sprecherin eingeladen worden. Aber zuvor erzählte eine junge Frau aus ihrem Leben. Ich nenne sie Simone.

»Dich können wir nicht mitnehmen, du bist einfach zu hässlich«, hatte man ihr signalisiert, wenn man zu einem Familienfest eingeladen war. Dieser Satz gehörte inzwischen zum Alltag des kleinen Mädchens.

Simones Mutter war gestorben, als sie gerade mal 18 Monate alt war. Ganz dunkel konnte sie sich noch an Mutters Gesicht erinnern und auch daran, wie Mutters Stimme geklungen hatte.

»Simone«, wie von ferne hörte sie Wärme heraus. Doch das schien wie ein Traum. Der Alltag war grau und grausam. Vater hatte wieder geheiratet. Er wollte dem Kind eine Mutter geben und für sich selbst wieder eine Partnerin haben.

Simone sah der ersten Frau sehr ähnlich. Die jetzige Frau konnte damit nicht umgehen. Sie entwickelte immer mehr Aversionen gegen das Kind. Als sie selbst schwanger wurde, war Simone endgültig abgeschrieben. Eigentlich hätte man sie auch Aschenputtel nennen können.

Die Seele des Kindes verkümmerte, und das machte sich auch im ganzen Verhalten bemerkbar. Kein Lachen kam über das Gesicht, langsam war ihr Gang. Durch gute Schulleistungen versuchte sie, Zuwendung zu bekommen. Aber das brachte auch nur wenig. Freunde waren von der Mutter sowieso nicht erwünscht. Im Teeniealter wollte Simone nicht einmal in den Spiegel schauen. Sie hasste ihr Gesicht, sie konnte sich nicht leiden, sie wollte am liebsten nicht mehr da sein. Hängende Schultern waren Ausdruck ihrer verkrümmten Seele.

Irgendwann wurde sie zu einem Teenieabend eingeladen. Zuerst wollte sie gar nicht hingehen. Doch was sie da hörte, erreichte ihr tiefstes Inneres: Jemand liebte sie! Gott hatte gewollt, dass es sie gibt! Sie war von ihm angenommen!

Und jetzt stand sie da vorne auf dem Podium, diese Simone! Konnte das die Person sein, von der sie gerade erzählt hatte? Als sie fertig war, kam sie auf mich zu. Eine wundervolle, junge Frau gab mir die Hand. »Ja, so groß ist Gott!«, lachte sie. »Er kann aus Aschenputteln Prinzessinnen machen. Ich habe begriffen, wie sehr ER mich liebt.«

Und mach uns zu Himmelserben …

»Segne uns mit selgem Sterben und mach uns zu Himmelserben«, so endet das schöne Lied, das wir im Kindergarten immer sangen, bevor wir auseinandergingen. Mit »Unsern Eingang segne Gott, unsern Ausgang gleichermaßen«, beginnt es.

Ich verstand als Vierjährige von dem ganzen Text nur ein Wort. Aber je öfter das Lied gesungen wurde, umso lauter sang ich mit. Singen lag mir im Blut, auch wenn mir die Bedeutung der Worte noch fehlte.

Aus voller Überzeugung trällerte ich deshalb: »Segne uns mit selgem Sterben und mach uns zu Himmelserbsen.« Niemandem fiel das anscheinend auf. Mit Himmelserben konnte ich nämlich nichts anfangen, mit Erbsen schon. Denn die mochte ich. Im Garten brach ich die jungen Hülsen auf und aß die ungekochten, süßlichen Perlen darin. Wenigstens ein Wort, das ich verstand! Und das hatte noch eine andere Bedeutung, doch das wusste ich nicht! Wie gut, dass Gott uns manchmal etwas verstehen lässt, ohne dass es »richtig« zu sein braucht.

Heute freue ich mich darüber, dass ich ein Erbe des Himmels sein darf und Jesus mir dort eine Wohnung bereitet hat! Ob es dort oben Erbsen geben wird, weiß ich nicht. Aber eines weiß ich: Ich darf IHM begegnen, und es wird kein Leid mehr geben und keine Tränen werden mehr fließen.

Harren heißt Warten

Harren, das klang für mich ähnlich wie Bellen! Ja,

mein Inneres rebellierte heftig, als mein Konfirmandenspruch verlesen wurde: »Der Herr ist freundlich dem, der auf ihn harrt und der Seele, die nach ihm fragt.« Ich war echt geschockt. Zwar verstand ich im ersten Moment nicht, was dieser Vers bedeuten sollte, aber mein Gefühl sagte mir: Totlangweilig!

Der Unterricht mit dem Pfarrer hatte mir ohnehin nicht viel gebracht. Wir mussten Verse auswendig lernen, ohne eine Erklärung dazu zu bekommen. Dabei war ich gerade begierig, über Gott alles zu hören, was man nur aufnehmen konnte. Durch eine christliche Freizeit angeregt hatte ich mich auf den Weg gemacht, mit Gott zu reden und zu rechnen. In meinem Herzen war eine große Sehnsucht, ihm mein ganzes Leben zur Verfügung zu stellen.

Tief drinnen hatte ich gehofft und damit gerechnet, dass ich nun einen Vers bekommen würde, der mir wie ein Zeichen war für meinen Weg mit Gott, etwa »Geht hin in alle Welt und predigt das Evangelium«, oder etwas Ähnliches. Nun sollte ich »harren«, ein Wort, das deutlich nach Warten klang. Und das war absolut nicht meine Stärke. Nein, sagte ich mir, der Pfarrer muss sich da im Vers geirrt haben. Er hat bestimmt dabei nicht auf Gott gehört!

Welch eine Überheblichkeit in einem 13-jährigen Teenager, muss ich heute denken.

Zu Hause legte ich den schön gerahmten Vers in eine Schublade, um ihn zu vergessen.

Trotz mancher Stürme in den nächsten Jahren kehrte ich mich doch immer wieder Gott zu. Ich wollte ihm von ganzem Herzen dienen. Im St.-Markus-Krankenhaus in Frankfurt ging ich zur Schwesternschule, weil dort ein Nachweis erstellt wurde, welche Fächer man belegt hatte. Und den brauchte ich, wenn ich einmal in einem Drittweltland helfen wollte.

Jetzt fehlte nur noch der passende Mann zu meinem Glück. Und der kam! Wir sprachen über unsere Zukunftswunschlisten. Unsere Vorstellungen über unsere Kinderzahl gingen auseinander. Aber was wir uns beide wünschten, war, Gott in Afrika zu dienen. Wir waren uns einig: Es sollte Kamerun sein.

Zuerst sollte meine Ausbildung beendet werden und sein Theologiestudium. Danach würden wir einige Jahre im Pfarramt sein, bevor wir ausreisten. Hans-Joachim, mein Mann, wollte dann hauptsächlich im Übersetzen der Bibel tätig sein, da Sprachen seine besondere Begabung sind. Ich würde mit einer kleinen Cessna überall hinfliegen, wo Not wäre, um medizinische Hilfe zu geben.

Nach einer wundervollen Hochzeit lief dann alles nach Plan. Die Zeit in der Kirche war sehr gesegnet, Kinder und Teenager fanden zu Gott. Unsere ersten beiden Kinder wurden geboren. Es schien an der Zeit zu sein, unser Land Richtung Afrika zu verlassen.

Da erkrankte mein Mann. Statt Afrika zogen wir in eine kleine Wohnung, denn das Gehalt reichte nicht für mehr Räumlichkeiten. In dieser Zeit lernte ich, was Harren heißt und was »nach Gott fragen« meint: Gott vertrauen und auf ihn warten, wenn man kein Licht sieht und ihn nicht verstehen kann! Dann trotzdem aushalten und wissen, seine Freundlichkeit wird uns irgendwann eine Antwort schenken.

Nach Jahren von Schmerz und Traurigkeit öffnete Gott neue Türen.

Heute ist mein Mann der 1. Vorsitzende von FamilyLifeMission. Diese äußerst segensreiche Ehearbeit wurde vor vielen Jahren von Walter Trobisch in Kamerun begonnen. Heute arbeitet FLM in 17 Ländern Afrikas mit vielen afrikanischen Mitarbeitern zusammen, damit Ehen wiederhergestellt werden und Heilung geschieht.

Niemals hätten wir so viel bewirken können, wären unsere Wege nach unseren Plänen gelaufen. Gott ist größer als unsere Gedanken!

Was ich auf den schweren Wegen von Krankheit, finanzieller Not, Unverständnis von Menschen über unserer Situation lernen durfte, ist: »Der Herr ist freundlich dem, der auf ihn harrt und der Seele, die nach ihm fragt!« Dieser von mir verschmähte Bibelvers war Gottes Reden zu mir, ohne dass ich es verstanden hätte.

Gerne wüsste ich, wo dieser ehemalige Pfarrer heute wohnt, um ihm sagen zu können:

Gott hat Sie als Prophet gebraucht, ohne dass Sie es wussten.

Und ich bitte Gott um Vergebung, dass ich sein Wort damals so achtlos beiseite gelegt habe.

Immer neu aufstehen nach Schwierigkeiten
auf keinen Fall liegen bleiben
Innig das Gespräch mit Jesus suchen
und immer wieder seine Vergebung annehmen
Ihm Glauben schenken, statt ihn zu ignorieren
und auf die Stimme der Schlange zu hören
Neues initiieren, wenn Gott das zeigt,
ohne sich von anderen irritieren zu lassen
Interesse an meinem Gegenüber haben
er/sie trägt wie ich Gottes Bild
Immer wieder zu IHM kommen!
Wer zu IHM kommt, den schickt ER niemals weg!

Immer wieder zu IHM kommen

Corrie ten Boom muss eine temperamentvolle Frau gewesen sein. Ich fühle mich mit ihr verbunden. Leider bin ich ihr nie begegnet. So soll sie Folgendes erzählt haben:

An einem Tag war mehrmals das Temperament mit ihr durchgegangen. Sie hatte nicht so reagiert, wie sie es von sich selbst als Christin erwartet hätte.

»Herr, Jesus«, meinte sie traurig, »jetzt komme ich heute schon das dritte Mal wegen derselben Sache zu dir. Ich schäme mich wirklich sehr.«

Doch zu ihrem Erstaunen antwortete der Herr ihr: »Liebe Corrie, das ist das erste Mal!«

»Aber Herr«, erwiderte sie, »es ist doch leider schon das dritte Mal.«

Und was sagte Jesus zu ihr? »Die beiden anderen Male habe ich dir schon lange vergeben!«

IHN mit in meinen Alltag hineinnehmen!

Dieses Mal würde es an Weihnachten etwas ruhiger werden, dachte ich erleichtert. Die Jüngsten waren keine Wickelkinder mehr, und unsere ersten Kinder hatten ihre eigenen Familien gegründet.

»Mama«, fragte eine Tochter am Telefon, »kann ich dir Sheema vorbeibringen? Du weißt, sie wird bald ihre Jungen bekommen. Da will ich sie nicht alleinlassen. Aber heute Nachmittag ist für die Kinder in der Gemeinde ein Fest, da will ich mit Josh dabei sein.«

»Klar«, sagte ich, »ich bin da, das geht.«

Unsere Tochter brachte die Rottweilerhündin Sheema vorbei. Das Tier lag still auf dem Teppich. Doch kaum waren Tochter und Kind aus dem Haus, bekam sie eigenartig glasige Augen. Und dann ging es los. Es war der erste Wurf, den die Hündin hatte. Mit mehr als 2-3 Welpen brauchte man nicht zu rechnen. Aber als das Dritte da war, ging es fast ohne Pause weiter. Es folgten wieder drei süße Hundebabys, dann nochmals vier, und zu meinem Entsetzen weitere vier. Für die letzten hatte die Hundemutter kaum noch Kraft. Ich musste nachhelfen, wobei mir mein Beruf als Krankenschwester entgegenkam.

Auch ich war völlig erschöpft, als unsere Tochter wohl gelaunt klingelte. Sie kam nicht aus dem Staunen heraus, als sie die Bescherung sah.

»Mama«, meinte sie fast atemlos, »diese vielen Hundebabys können wir unmöglich in unserem winzigen Haus unterbringen. Sie müssen bei dir bleiben.« Unser Schwiegersohn fertigte einen Verschlag an, den wir im Keller aufstellten. Damit war es nicht getan, denn die vielen Welpen mussten stundenweise gefüttert werden. Sie überlebten auch alle, doch je älter sie wurden, entwickelte sich ein penetranter Gestank, der durchs ganze Haus zog. Egal, wie oft wir den Verschlag säuberten, der Geruch war nicht zu beheben.

So war es schließlich kurz vor Weihnachten. Der Postbote klingelte an der Tür. Ich bemerkte, dass es nicht unser gewohnter Mann war, sondern eine Vertretung. Etwas irritiert wich er von der Haustür zurück, als ich sie öffnete und der nicht ganz angenehme Geruch ihm entgegenströmte. Aus sicherem Abstand überreichte er mir dann die Post und entfernte sich schnell.

Ich stand in der Haustür und dachte: »Ja, bei anderen Menschen riecht es um die Weihnachtszeit nach Plätzchen, bei uns nach Hundekot.« Es »stank« mir buchstäblich, dass es bei uns so stank. Das verdarb die ganze Vorfreude aufs Fest!

Während ich meinem inneren Unmut freien Lauf ließ, fiel mein Blick auf den Briefstapel, den ich noch in der Hand hielt. Zuoberst lag eine Karte. Es war ein Weihnachtsgruß! Zu meinem Erstaunen las ich da: »Ich wünsche dir, dass dein Haus zum Stall und dein Herz zur Krippe wird, liebe Ruth.«

Nein, die Bekannte wusste nichts von meiner Situation. Aber sie hatte sie vollkommen richtig beschrieben: Unser Haus war eingehüllt in Stallgeruch. Was aber fehlte, war das Herz, das zur Krippe werden sollte. Und das hatte ich vollkommen vergessen. Denn Gott kommt mitten in den Stallgeruch unseres Lebens, wenn wir ihn einladen. Das war auch in Bethlehem so.

Mein Ärger wich. Ich lud Jesus ein, neu in mein Herz und Leben zu kommen. Und ich spürte, wie Stall und Bethlehem mich zur Freude führten. Jetzt war Jesus im Mittelpunkt meines Denkens und nicht mehr der Geruch!

Jubeln zur Ehre Gottes über alles Gute von Ihm,
statt immerzu über Negatives zu jammern
Ja sagen zu Gottes Wegen, sie sind gut
Er geht mit, auch wenn ich ihn nicht fühle
Jesus anschauen heißt: nach oben schauen zum Himmel
statt auf meine Begrenztheit der Erde
Just in time! Jesus kommt nicht zu spät
an ihm mich festhalten, auch wenn ich noch kein Land sehe
Jagen nach Frieden mit Gott und Menschen,
nicht nach meinem Recht
Jauchzen wie ein Kind und die Seele dabei mitnehmen
statt jammernd auf alles Negative zu starren
Merke: Ja, dies ist der Tag, den der Herr gemacht hat!

Soli deo gloria

Lang ersehnt – nun bist du geboren!
Kleines, ich schaue dich an.
Seh dich und seh dich doch nicht,
denn leuchtend bist du verklärt.
Spür an dir die Hand des Schöpfers,
der wunderbar dich bereitet.

Tief drinnen wächst ein Erahnen,
mein Fühlen geht über Verstehen.
Ein Jauchzen erfasst mich:
Einmalig groß bist DU,
ewig und einzig und endlos,
von Anbeginn Licht und liebend.

Deine Hand hat mich berührt!
Ich weine und preise und singe,
ich lache und lobe und jauchze,
weil DU, Herr, dich mit mir verbündet.
Dieses Kind ist mir Anstoß zum Jubel,
weil DU als mein Herr mir begegnet.

Jubel!

Eigentlich bin ich keine große Zeitungsleserin. Aber diese Anzeige war mir ins Auge gefallen: Künstler sucht Menschen, die zum Thema »Soli deo gloria« ein Poem schreiben. Karlheinz Urban erklärte, dass die eindrücklichsten Gedichte in einem Buch veröffentlicht würden.

›Ob sich da überhaupt jemand meldet?‹, ging es mir durch den Kopf. Wer schrieb heute noch Gedichte? Und zur Ehre Gottes? Hatten da Menschen überhaupt noch das Bedürfnis, IHN damit zu ehren? Es schmerzte mich, darüber nachzudenken. Und dann fasste ich den Entschluss: Ich wollte ein Gedicht schreiben, IHM zur Ehre, meinem großen, wunderbaren Gott! Ob es nun veröffentlicht werden würde oder nicht. Ich wollte diesen Künstler wissen lassen, dass es noch Menschen gab, die Gott die Ehre geben wollten.

Und so betete ich: »Vater im Himmel, schenk mir ein Gedicht.«

Ich schaute meine kleine Tochter an, die gerade 18 Monate alt geworden war. Und da wurde mir neu das Wunder des Lebens, das Wunder der Geburt bewusst, bei der ich jedes Mal Gottes Berührung gespürt hatte. Dabei entstand ein Poem.

Eigentlich hatte ich nicht erwartet, dass es eine Rückmeldung geben würde. Aber eines Tages fand ich bei der Post eine Einladung nach Witten-Bommern. Eine Jury hätte mein Poem auf den dritten Platz gesetzt.

Ich sei eingeladen in einer großen Halle, dieses Gedicht vorzulesen.

Mit sieben Kindern begab ich mich auf die Reise, ließ sechs davon unterwegs bei Freunden, und fuhr weiter zur Veranstaltung mit unserer Jüngsten. Viele hundert Menschen waren anwesend, auch die Presse. Ich lernte beeindruckende Menschen kennen. Doch am meisten faszinierte mich der Künstler selbst. Durch die Gestaltung von Kreuzwegen in Kirchen war er bekannt geworden, ebenso durch andere bedeutende Werke seines Schaffens.

Er war ein älterer Mann, ich schätzte ihn weit über 70 Jahre ein. Zu Beginn der Veranstaltung stellte er seine noch viel älter wirkende Frau vor, die mit ihrem schütteren Haar nicht sehr attraktiv wirkte. Sie schien zudem etwas dement zu sein. Aber das störte ihn anscheinend nicht. Liebevoll half er ihr beim Aufstehen und erklärte, auch seine liebe Frau habe ein Gedicht zum Thema formuliert. Der Vortrag und die Worte, die sie dann sprach, wirkten wie die unbeholfenen Anfänge eines Erstklässers. Doch als sie geendet hatte, klatschte er, und alle in der Halle fielen mit ein. Danach rückte er ihr wieder den Stuhl zurecht, und die eigentliche Preisverleihung begann. Ich erfuhr, dass über tausend Menschen auf seine Einladung reagiert hatten. Eine der Preisträgerinnen, Gertraud Lex, ist mir noch in lebhafter Erinnerung. Sie ist jetzt schon in der Ewigkeit bei Jesus. Nach dieser Begegnung bis zu ihrem Tod hatten wir einen herzlichen Kontakt, verbunden durch unsere gemeinsame Liebe zu Jesus Christus. Sie trug ihr beeindruckendes Gedicht vor: »Ich möchte wie eine Rose sein und mich entfalten Blatt um Blatt.«

Schließlich stand ich oben auf der Bühne, hunderte von Augen auf mich gerichtet. Unsere kleine Tochter setzte ich auf den Boden vor mich. Ich hielt das Mikrophon in der Hand und begann, mein Gedicht vorzutragen. Gerade an der zweiten Strophe angekommen, fing die Kleine laut zu schreien an. Ich nahm sie auf den Arm, um weiterzumachen. Aber sie ließ sich kaum beruhigen. Unter ihrem Geschrei trug ich die weiteren Verse vor, Verse voll von Innigkeit und tiefer Freude über das Wunder des Kindes und das Staunen über Gott!

Zum Glück hatte ich das Mikrophon und konnte die Kleine übertönen. Aber wie Text und Geschrei zusammenpassten, lässt sich unschwer erraten.

Zum Schluss war ich fast wie ein Star unter den vielen Menschen. Viele sprachen mich an, alle erkannten mich! Ja, wie schnell wird man berühmt!

Soli deo gloria! Dem alleinigen Gott sei Ehre! Das wünsche ich mir als Lebensmotto, sei es bei Erfolg oder Misserfolg, bei Geschrei oder Schweigen, ER soll der Mittelpunkt meines Denkens sein!

Jesus, bester Freund

Die Kinder liefen uns zu wie dem Rattenfänger von Hameln! Aber wir hatten etwas viel Besseres zu geben: die Liebe Gottes, die jeden Menschen sucht und besonders die Kinder erreichen will.

Es war eine Freude zu sehen, welche Offenheit die Kinder gegenüber der Botschaft Gottes zeigten. Wir ließen den Regen bei der Sintflut mit den Fingern auf die Tische trommeln und hüpften wie damals die Frösche bei der Plage in Ägypten über Tische und Bänke.

Eines der Mädchen, ich nenne sie Celina, war besonders anhänglich. Sie hatte Jesus ihr Herz geschenkt und ihn als Freund in ihr Leben aufgenommen. Oft kam sie in unser Haus und hütete unsere beiden kleinen Kinder. Auch als wir aus der Gemeinde weggezogen waren, blieben wir verbunden. Viele Ferien verbrachte sie bei uns und wurde mir zu einer lieben Freundin.

Ich erlebte mit, wie sie studierte und heiratete. Zwei wundervolle Kinder wurden ihr geschenkt. Das Glück schien vollkommen. Doch am Telefon berichtete sie mir irgendwann: »Mein Arm ist manchmal ganz taub. Der Hausarzt meint, es sei die Überforderung von Familie und Beruf. Ich solle eine Zeit lang aussetzen.«

Doch einige Zeit später fand man heraus, dass Tumore im Kopf an dieser Beeinträchtigung schuld waren. Zwei schwere Operationen verliefen gut. Leider blieb es nicht bei diesen beiden Tumoren. Immer neue bildeten sich. Zwischen den Wirbeln, am Kleinhirn, hinter den Ohren. Jedes Mal war es eine neue Herausforderung. Celina verlor dadurch ihren Mann und ihre Kinder, denn fortan war sie ein Pflegefall, zuletzt nur im Heim zu versorgen, denn sie konnte sich nur noch im Rollstuhl bewegen.

In dieser schweren Zeit sammelte sie alles, was sie an Ermutigung finden konnte und schrieb es ab. Es waren Liedverse, Gedichte und andere Aussagen, die aufbauten. Die schickte sie dann mir und anderen Freunden als Ermutigung per Fax zu. Auf diese Weise blieben wir in Verbindung, auch wenn wir nicht miteinander telefonieren konnten, denn sie verlor auch ihr Gehör. Wie oft tröstete mich eines ihrer Worte! So wurde sie mit ihren vielen Behinderungen für mich und viele andere Menschen zum Mutmacher!

Medikamente hatten ihr Aussehen vollkommen verändert. Aus der hübschen, jungen Frau war ein kranker Mensch geworden. Das Sprechen fiel ihr zunehmend schwerer. Zu der Taubheit an beiden Ohren, durch weitere Tumore bedingt, kamen ohrenbetäubende Geräusche, ähnlich der Lautstärke startender Flugzeuge.

Wieder einmal war ich in ihrer Nähe zu Vorträgen. Als ich sie besuchte, lag sie sehr erschöpft im Bett. Sie freute sich riesig, mich zu sehen. Doch dann erfuhr ich, dass sie zu einem wichtigen Fest ihrer Kinder ausgeladen worden war. Als Grund war angegeben: Man wollte sie nicht dabeihaben, damit die Freude der anderen Gäste nicht getrübt würde, wenn man sie ansah.

Ich beugte mich über sie und weinte laut. Es tat mir so weh, diesen lieben Menschen innerlich und äußerlich verletzt zu sehen. Sanft wischte sie mir die Tränen vom Gesicht. »Ruth«, sagte sie liebevoll, »vergiss das eine nicht: Jesus ist mein bester Freund!«

Inzwischen ist sie bei ihrem besten Freund in der Ewigkeit zu Hause. Ich bin sicher, er hat sie persönlich empfangen. Jetzt tanzt sie auf goldenen Straßen mit dem, der sie auch hier auf der Erde keinen Moment verlassen hat.

Welch ein Freund ist unser Jesus

Joseph Scriven, der von 1819 bis 1886 lebte, hatte eine unbeschwerte, fröhliche Kindheit in Irland.

Sein Glück gipfelte darin, dass er eine liebevolle Frau fand. Der Hochzeitstag stand vor der Tür. Am Tag zuvor aber erreichte ihn die schreckliche Nachricht: »Deine Braut ist ertrunken.«

Was Scriven in diesem Moment an Schmerz durchlebte, ist kaum vorstellbar. Wir wissen nicht, ob er in Depressionen verfiel, ob er Gott anklagte, ob er sich vor Schmerz krümmte oder laut schrie. Nirgends ist uns berichtet, wie er diese Schreckensbotschaft aufnahm.

Doch es ist bekannt, wie er einige Zeit danach später sein Leben drastisch veränderte. Er ging nach Port

Hope, einer Stadt in Kanada. Was immer er an Zeit und Kraft aufbringen konnte, verwendete er dafür, anderen zu helfen. Oft gab er seine Kleidung und seinen Besitz weg, wenn er einem Bedürftigen begegnete. Seine Lebensbestimmung fand er darin, ein Freund für andere Menschen zu sein. Jedem, der in seiner Not zu ihm kam, versuchte er zu helfen.

Ohne Geld dafür anzunehmen, sägte er Holz für die Ärmsten. Bekannt war er schließlich unter dem Namen »Der gute Samariter von Port Hope«.

Als seine Mutter, die in Irland lebte, krank wurde, schrieb er ihr einen tröstlichen Brief. Beigelegt fand die Mutter sein gerade entstandenes Poem. Die Zeilen sollten sie daran erinnern, dass Jesus ein Freund ist, zu dem wir mit allen Sorgen und Nöten zu jeder Zeit kommen dürfen.

Einige Zeit später war auch Scriven erkrankt. Ein Freund, der ihn besuchte, las auf dem abgerissenen Stück Papier die Worte des Poems. Tief bewegt fragte er: »Joseph, wer hat diese wunderbaren Worte geschrieben?«

»Der Herr und ich haben es verfasst«, antwortete Joseph demütig. In mehr als 70 Sprachen wurde dieses Lied später übersetzt und tröstete viele Menschen, indem es sie erinnerte: Wir haben einen Freund, der alle Sorgen und Traurigkeiten kennt und für uns tragen will.

Auch mich selbst haben die Worte dieses Liedes oft

daran erinnert, nicht zu verzweifeln, sondern meine Not zu diesem besten Freund zu bringen. Er hat versprochen, König, Priester und Prophet für mich zu sein:

Weil er König ist, kann er mir helfen.
Weil er Priester ist, tritt er für mich ein.
Weil er Prophet ist, kennt er meine Zukunft.

Welch ein Freund ist unser Jesus,
o, wie hoch ist er erhöht!
Er hat uns mit Gott versöhnet
und vertritt uns im Gebet.
Wer mag sagen und ermessen,
wie viel Heil verloren geht,
wenn wir nicht zu ihm uns wenden
und ihn suchen im Gebet.

Wenn des Feindes Macht uns drohet
und manch Sturmwind um uns weht,
brauchen wir uns nicht zu fürchten,
steh'n wir gläubig im Gebet.
Da erweist sich Jesu Treue,
wie er uns zur Seite steht
als ein mächtiger Erretter,
der erhört ein ernst Gebet.

Joseph Scriven

Das Jesuskind im Arm der Maria

Kinder sind wirklich die besten Theaterspieler!

Wir hatten für Weihnachten ein Singspiel vorbereitet. Dabei ließen wir die Weihnachtsgeschichte lebendig werden. Miriam, eines der Kinder, sollte die Maria spielen. Sie hielt die Babypuppe sorgsam und fest im Arm und schaute sie unverwandt entzückt an. Das perfekte Schauspielerkind, dachten viele der anwesenden Eltern und Verwandten. Ja, bis die Babypuppe irgendwann zu schreien anfing. Es war nämlich keine Puppe, sondern unser jüngstes Kind, das im Dezember geboren worden war.

»Es lebt ja!« – »Das ist ein echtes Baby!«, so ging ein als Raunen durch die Kirche.

Und ich musste denken: Ja, ER lebt! Unser Herr Jesus Christus lebt wirklich und wahrhaftig! Gott ließ zu, dass er in einem armseligen Stall zur Welt kam. Er wurde ganz klein, damit wir die Angst vor ihm verlieren sollten. Das ist das Wunder von Weihnachten. Der große Gott schickt sein Liebstes zur Erde, damit Menschen seine Liebe begreifen sollen. Welch ein Wunder!

Kulant sein, denn Gott ist kulant mit mir
statt kleinkariert alles aufzurechnen
Königlich dienen
statt mich wie ein stöhnender Knecht zu verhalten
Krone nicht verlieren
sie immer neu aufsetzen, falls sie herunterfällt
Kostbar für Gott, einmalig von IHM geschaffen
niemals zur Kopie von anderen werden
Komplimente machen, das Gute ausdrücken
statt auf Negativem herumzureiten
Zum Kaffee einladen als Akt der Versöhnung
statt den anderen zu meiden
Küssen Sie Ihre Lieben, Küsse sind Vitaminbomben
Küssen Sie, bevor andere sie küssen
Kunst der kleinen Schritte üben
Erwarten Sie von anderen und von sich nicht,
dass alles gleich geschieht.
Veränderung braucht Übung und Geduld.

Königswürde

Ich habe dich erwählt,
weil du unendlich kostbar bist in meinen Augen.
Du bist unvergleichlich.
Ich setze mein Leben für dich ein,
so wichtig bist du mir.
Nimm deinen Platz ein da,
wo du bist.
Lass dich nicht durch deine Aufgaben
verleiten, dich minderwertig zu fühlen.
Sei treu, auch im Kleinen.
Und sei dir deiner Erwählung täglich gewiss.
Wenn dir Fehler unterlaufen,
komm und sag es mir.
Dann werde ich mich für dich einsetzen,
wieder gut machen und die Schuld bezahlen.
Sei sicher, ich werde dich keinen Moment
im Stich lassen.
Diene an deinem Platz
in der Gewissheit Deiner Königswürde.
Ich stehe zu dir
und habe dir die Krone aufgesetzt
Und vergiss nicht: Ich habe dich unendlich lieb!
Der König der Könige

Keiner wird zuschanden, der dein harrt …

Der Direktor des Missionswerkes war verzweifelt. Die Gelder waren ausgegangen. Es schien keinen Weg mehr zu geben, aus dem Dilemma herauszukommen.

Als sein Mitarbeiter am Morgen zur gemeinsamen Beratung kam, legte er ihm in allen Einzelheiten aus, warum es kein Entrinnen aus dieser Sackgasse geben könnte. Dies sei wohl das Ende ihres Werkes, ließ er ihn entmutigt wissen.

Der aber entgegnete ihm mutig: »Herr Direktor, dann werde ich wohl das ›K‹ aus meiner Bibel ausstreichen müssen.«

Etwas irritiert schaute der ihn an: »Was heißt: das K wegstreichen?«

»Nun, in Psalm Psalm 25,3 steht: ›Keiner wird zuschanden, der dein harrt.‹ Aus ›Keiner‹ wird dann: Einer wird zuschanden, der auf Gott harrt.«

Diese Worte sollen dem Direktor neu das Vertrauen in Gott gestärkt haben. Und er wurde nicht enttäuscht. Gott öffnete Türen, die zuvor nicht einmal zu sehen waren.

Keiner wird zuschanden, welcher Gottes harrt.
Sollt ich sein der erste, der zuschanden ward?
Nein, das ist unmöglich, du getreuer Hort!
Eher fällt der Himmel, eh mich täuscht dein Wort!

So drückt es Gustav Friedrich Ludwig Knak aus, der von 1806 bis 1878 lebte.

Königliches Aufstehen!
Könige und Königinnen können hinfallen.

Das passiert.

In den Sprüchen 24,16 steht, dass sogar der Gerechte fallen kann. Sieben Mal, also die Vollzahl der Möglichkeiten, ist er fähig, Fehler zu machen!

»Und warum kann das so oft passieren?«, pflegte Walter Trobisch zu sagen. »Weil er nicht liegen bleibt, sondern wieder aufsteht.« Genau so steht es dort: »Ein Gerechter fällt sieben Mal und steht wieder auf!«

Genau das gilt auch für König/innen. So jedenfalls las ich es in einer E-Mail:

»Hinfallen, Krone aufnehmen, sich aufrichten, Krone aufsetzen und weitergehen!«

Königin statt Esel
Eine unserer Töchter war auf Arbeitssuche. Sie litt darunter, nicht in ihrem Beruf einen Platz zu finden. Inzwischen war sie bereit, auf jedes Angebot einzugehen, statt zu Hause zu sitzen und untätig zu sein. Da wurde in der Zeitung eine Stelle in einem größeren Kaufhaus angeboten. Als sie Erkundigungen einholte, stellte sich heraus, dass es bedeutete, für die Toiletten zuständig zu sein. Wollte sie das wirklich annehmen?

»Es ist mir egal«, ließ sie mich wissen, »ich werde den Job annehmen. Geld stinkt nicht.«

Nach einiger Zeit sahen wir uns wieder. »Wie geht es dir mit der neuen Stelle?«, wollte ich wissen.

Sie lachte. »O Mama, du kannst dir nicht vorstellen, was da abgeht! Morgens, wenn ich dort ankomme, muss ich zuerst an allen Kassen vorbei. Wenn ich die Kassiererinnen grüße, schauen sie betreten zur Seite. Wahrscheinlich will niemand etwas mit Leuten zu tun haben, die für die Toilettenräume zuständig sind.«

Es schmerzte mich als Mutter sehr, das zu hören. Würde unsere immer gut gelaunte Tochter, die für jeden ein fröhliches Wort hatte, dadurch ihre Lebensfreude verlieren? »Wie reagierst du darauf?«, fragte ich sie vorsichtig.

Sie lachte laut! »Ich grüße immer wieder, warum sollte ich auch nicht? Sie tun mir einfach leid. Die wissen einfach nicht, wer ich wirklich bin – (nämlich eine Königin)!«

Was trage ich in meinem Koffer?

Oft wissen wir nicht, was der andere trägt. Vielleicht beneiden wir ihn und wünschen uns, seinen Koffer zu besitzen. Aber das kann Überraschungen zur Folge haben, wie das folgende Erlebnis zeigt. Es ist eine wahre Begebenheit.

Verwandte bettelten die Nichte an: »Bitte komm nach Chicago. Wir bräuchten dringend ein paar Tage Urlaub. Du könntest dir dabei auch ein bisschen Geld verdienen. Unsere beiden Hunde machen nicht viel Arbeit. Leider ist einer von ihnen schwach und alt. Wir wollen ihn trotzdem nicht einschläfern lassen.

Doch man weiß nicht, wann es mit ihm zu Ende geht. Wir wollen ihm den Stress des Tierheims ersparen.«

Cindy flog also von Omaha nach Chicago. Sie wurde informiert, was sie im Notfall zu tun hätte. Ebenso hatte sie die Nummer des Tierarztes, der ebenfalls Bescheid wusste.

Das Unvermeidliche geschah. Der Hund starb. Cindy telefonierte mit dem Tierarzt und wollte wissen, was mit dem Hund nun geschehen sollte.

»Bringen Sie den toten Hund zu mir«, gab dieser zur Antwort.

»Wie stellen Sie sich das vor«, konterte sie. »Ich bin mit dem Flugzeug hierhergekommen und habe kein Auto.«

»Leider habe ich dafür keine Lösung. Also bringen Sie das Tier zu mir.« Das war sein letztes Wort.

Cindy fühlte sich überfordert und hilflos. Doch schließlich ging sie durch die Wohnung und fand die passende Koffergröße. Sie umwickelte das Tier mit Folie und verstaute es im Rollkoffer. Zum Glück hatte der Hund nicht die Größe eines Rottweilers, aber leider war es auch kein kleiner Pudel, den sie da befördern musste. Sie kämpfte sich mit dem Koffer durch die U-Bahn und atmete erleichtert auf, als sie am Zielbahnhof ankam. Das nächste Hindernis stand bevor: ein Treppenaufgang. Niemand kümmerte sich um sie, während sie sich die Treppen rückwärts hinaufarbeitete. Stufe um Stufe zog sie den Koffer hoch. Ein jüngerer Mann beobachtete sie dabei. Er war ordentlich gekleidet und fragte sie höflich, ob er ihr helfen dürfe. Dankbar nahm sie das Angebot an. Mit seiner Stärke schien ihm das Gewicht gar nicht viel auszumachen. Während sie gerade aufatmete, war sie nicht schlecht überrascht, als der Mann in schnellen Schritten die letzten Stufen nahm und davoneilte.

Sie war so baff, dass sie nicht einmal schreien konnte. Da rannte also der Koffer samt dem toten Hund davon …

»Was hast du in diesem Moment gedacht?«, wollte jemand wissen.

Cindy lachte: »Da muss ich jetzt auch noch den Koffer ersetzen!«

Was mag der junge Mann gedacht haben, als er endlich einen Platz gefunden hatte, an dem er in Ruhe sein Diebesgut auspacken konnte? Sicher war er davon überzeugt gewesen, mit dem Inhalt das große Geld machen zu können. Computer hatte er vielleicht vermutet oder geheime, vertrauliche Akten?! Nur ein toter Hund war im Koffer! Welch ein Entsetzen!

Wie oft jagen wir Dingen nach, von denen wir denken, sie könnten uns glücklich machen.

Und wenn wir sie besitzen, merken wir, dass sie unser Herz und Leben nicht mit Freude füllen können. In unseren Lebenskoffer muss mehr hinein: die Liebe Gottes, die uns frei macht zum Schenken statt zum Habenwollen oder Habenmüssen.

Und wir sollten gut darauf achten, wem wir erlauben, in unsere Gedanken und Gefühle hineinzureden. »Lassen wir doch den Neidhammel nicht unzensiert in uns blöken!«, hörte ich in einer Predigt. Wir haben doch letztlich keine Ahnung, was im Koffer des anderen steckt, den wir so begehrlich beneiden! Vielleicht hätten wir es am Ende mit einem toten Hund zu tun!

Mit Kieselsteinen in der Kirche zum Altar kommen!

Hell wurden wir vom Licht des Radars erfasst. Dabei waren wir zuvor noch gewarnt worden, dass unsere Fahrtstrecke von vielen solcher Apparate übersät wäre. Hellwach hatten wir danach Ausschau gehalten. Jetzt hatte es uns doch erwischt.

Mit meiner Freundin und Chauffeurin Elisabeth war ich auf einer meiner Dienstreisen. Gerade hatte ich ihr die Geschichte des Gelähmten aus der Bibel vorgelesen, und wir freuten uns über dieses Wunder. Jäh war unsere Stimmung unterbrochen. Wieder würden wir zahlen müssen!

Doch ich ermutigte Elli, dass wir umso mehr nun darauf hoffen durften, dass Gott die Verkündigung segnen würde. Wir wollten uns die Freude in Jesus nicht nehmen lassen. Gott konnte auch dafür sorgen, dass wir die Rechnung begleichen konnten!

Ich sollte die Predigt im Gottesdienst einer evangelischen Kirche übernehmen. Da in meiner Heimatkirche sonntagmorgens nur 20 Leute saßen, rechnete ich nicht mit großen Menschenmengen. Umso erstaunter waren wir, als die Kirche sich mit 150–200 Menschen füllte. Zu meiner Freude war auch mein Neffe Michael dabei, der seit einem schweren Unfall Rollstuhlfahrer ist. Er wohnte nicht weit weg vom Veranstaltungsort und war mit seinem Freund gekommen.

»Ich will das Haus meines Lebens bewohnen«, war als Thema ausgesucht worden. Ich hatte den Verantwortlichen gebeten, Kieselsteine auf die Kirchenbänke zu legen. Eigentlich meinte ich, dass man sie, wenn man wollte, nach dem Gottesdienst nach vorne unter ein Kreuz auf den Altar legen könnte. Aber Bernhard, der Verantwortliche, meinte, man solle das ruhig im Rahmen des Gottesdienstes anbieten. Als ich in die wunderschöne, alte Kirche hineinkam, konnte ich mir kaum vorstellen, dass bei meinem Aufruf nach der Predigt irgendjemand nach vorne kommen würde. Wie sollten Leute, selbst wenn sie den Mut dazu hätten, sich aus den Bankreihen herauslösen?

Die Predigt war zu Ende, und ich lud ein, seinen Sorgenstein, seinen Schuldstein, seinen Ärgerstein, seinen Angststein zum Kreuz zu tragen. Nach einem Moment der Stille stand Michaels Freund auf. Ihm folgte Michael mit dem Rollstuhl. Sie legten ihren Stein auf den Altar. Während sie noch auf dem Rückweg zu ihren Plätzen waren, ging eine Bewegung durch die Kirche. Menschen drängten nach vorne. Auch von der Empore strömten die Leute nach unten und Richtung

Altar. An beiden Seiten stand ein Ältester, der den Kommenden jeweils einen Bibelvers überreichte. Ich war stumm vor Staunen. Ich sah weinende Frauen und Männer, wie sie ihren Stein zum Kreuz brachten. Dann schloss ich die Augen und betete, dass Gott dieses Erleben im Herzen der Menschen festhalten möge, ihre Schuld vergeben, ihre Last abnehmen, ihre Krankheit heilen.

Michael erzählte mir später: »Wir kamen gar nicht mehr zurück bis zu unseren Plätzen. Zu viele Menschen drängten nach vorne. Es war wie bei einem Stau auf der Autobahn!«

Wie groß ist unser Gott!

Und was aus der Radargeschichte wurde? Entweder ging unser Foto verloren oder der Film im Apparat war voll!

Die Freude am Herrn ist eure Stärke! (Nehemia 8,10)

L

Lächeln üben
statt mit langweiligem Gesicht herumzulaufen
Lob aussprechen
statt zu lästern
Lachen
statt auslachen
Lieben
statt lange heimzuzahlen
Lieder singen zum Lob Gottes
statt über die Last des Alltags zu klagen
Lebenslust verbreiten und lustig sein
statt langatmig über alles zu meckern
Lernen zu reden und zu schweigen
alles zur richtigen Zeit

Bitte lächeln

Zum Lächeln brauchen wir nur ein Drittel der Gesichtsmuskeln zu bewegen, während wir zwei Drittel benötigen, wenn wir ärgerlich, gereizt oder böse sind. Gerade, weil wir sparsam sein wollen, sollten wir viel öfter dieses sparsame Drittel verwenden. Außerdem schenkt Lächeln jedem, der uns anschaut, eine kleine Freude. Es ist viel schöner, in ein freundliches Gesicht zu schauen als in ein ärgerliches.

Bei einem Beratungsgespräch mit einem Ehepaar war die Frau sehr aufgebracht über das Verhalten ihres Mannes. Während sie die Klagen über ihn vorbrachte, schaute sie ihn so böse an, dass es mir, obwohl ich gar nicht gemeint war, wehtat. Als der Mann für einen Moment nach draußen gegangen war, gab ich ihr als Aufgabe, ihn zu Hause wenigstens einmal am Tag freundlich anzuschauen.

»Dazu fühle ich mich nicht in der Lage«, meinte sie lakonisch.

»Dann lächeln Sie ihn wenigstens an, während er Ihnen den Rücken zuwendet, quasi als Vorübung«, forderte ich sie auf.

»Das werde ich gerade noch geregelt bekommen«, versprach sie.

Lobe den Herrn, meine Seele

»Bénis l'Eternel, mon âme!« Ja, ich wollte meine früheren Französischkenntnisse so gut es ging wieder aktivieren. Das hatte ich mir fest vorgenommen. Denn in einigen Wochen wollte ich in den französisch sprechenden Teil Kameruns reisen.

Ich startete damit, Bibelverse zu lernen, die ich schon auf Deutsch kannte. An diesem Morgen paukte ich den Beginn des 103. Psalms: »Lobe den Herrn, meine Seele, und was in mir ist, seinen heiligen Namen. Lobe den Herrn, meine Seele, und vergiss nicht, was ER dir Gutes getan hat.«

Mehr und mehr gelang es mir, ihn auf Französisch zu zitieren, ohne auf das Blatt zu schauen, auf dem er aufgeschrieben stand.

Am Nachmittag schien die Sonne warm durch die herbstlichen Wälder, und ich radelte einige Kilometer in den nahe gelegenen Wald. Unter mir raschelte das gefallene Laub und erinnerte mich, dass Alles in dieser Welt der Vergänglichkeit unterworfen ist. Auf einer Bank machte ich Halt. Vielleicht sollte ich die Brille abnehmen und meine Weitsicht ein bisschen schulen, ging durch meinen Sinn. Ich verwahrte sie in meiner Gürteltasche, die mir meine Tochter geliehen hatte. Das Fahrrad hatte ich am Weg an einen Baum gelehnt und kehrte von der Bank dorthin zurück. Das reichliche Laub schob ich mit den Füßen vor mir her oder ließ es in der Luft aufwirbeln, so wie ich es als Kind gerne gemocht hatte. Ich fühlte mich leicht und froh, ein wundervolles Gefühl bei der Arbeitslast, die täglich auf mich einströmte. Welch ein Geschenk, dass Gott sich einen Ruhetag für uns ausgedacht hatte!

Nach vier Kilometern war ich wieder zu Hause angekommen. Ich stellte das Fahrrad ab und nahm den Haustürschlüssel zum Öffnen. Doch es gelang nicht, ihn ins Schlüsselloch einzubringen. Etwas irritiert kam dann die Erkenntnis, dass ich für das Nahsehen immer noch die Brille brauchte. Doch trotz aller Suche war sie nicht in der Gürteltasche. Ich entdeckte, dass ich das falsche Fach für die Aufbewahrung benutzt hatte. Die untere Seite war nicht vollkommen geschlossen, da sie für eine Wasserflasche gedacht war.

Hell entsetzt kam mir die Erkenntnis, dass ich auf jedem Meter der 4 Kilometer die Brille verloren haben konnte. Dazu hatte ich jetzt nicht einmal das Scharfsehen, das ich gebraucht hätte, um sie wiederzufinden. Meine Tochter machte sich mit mir auf den Weg. Aber es schien aussichtslos, in dem laubübersäten Wald die Brille zu finden. Es war wie ein Suchen der Stecknadel in einem Heuhaufen. Nach intensiver Suche gab ich schließlich auf.

»Lass uns wieder nach Hause gehen«, rief ich der Tochter zu. Viele Gedanken gingen durch meinen Kopf. Wusste Gott nicht, wo meine Brille lag? Hatte er nicht alle Macht, um sie uns finden zu lassen? Warum tat er es nicht? Wir hatten ihn doch darum gebeten! Er kannte meinen engen Zeitplan im Alltag. Wie viel Zeit würde mir mit der Neubeschaffung verloren gehen! Und wie viel Geld außerdem! Während ich innerlich mit meiner Seele korrespondierte, kam mir der Psalm vom Morgen in Erinnerung: »Lobe den Herrn, meine Seele.« Ja, das wollte ich. Gott war gut, auch wenn er nicht meine Bitte erfüllt hatte, die Brille zu finden. Er stand mir zur Seite, auch ohne Brille. Er liebte mich, und das war wichtiger als alles.

Während ich den Rückweg antrat, begann ich den Psalm auf Französisch vor mich hinzusagen. Inzwischen war meine Tochter auch umgekehrt und lief hinter mir her.

»Was redest du da?«, wollte sie wissen. »Ach, es ist der Beginn von Psalm 103 auf Französisch: Lobe den Herrn, meine Seele und was in mir ist, seinen heiligen Namen. Lobe den Herrn, meine Seele, und vergiss nicht, was er dir Gutes getan hat.«

»Das stimmt auch!«, hörte ich hinter meinem Rücken. Sie fuhr fort: »Weißt du auch warum?«

Ich drehte mich um. Sie hielt mir meine Brille hin. Soeben hatte sie sie unter einem Grasbusch gefunden, den sie mit einem Stock nach oben gehalten hatte. Wie die Brille dahin kam? Bis heute ist mir das unerklärlich! Wieso meine Tochter auf die Idee kam, einen Grasbüschel hochzuheben? Sie wusste es auch nicht. Aber eines wussten wir jetzt beide: Lobe den Herrn, meine Seele, und vergiss nicht, was er dir Gutes getan hat!

Lieben ohne Rückmeldung
Sie hatten einen Lebensmitteleinzelhandel. Wir waren gute Kunden mit unserer großen Familie. Aber wir waren auch Freunde geworden. Wie viel Gutes hatten diese lieben Menschen uns getan!

Nun freuten sich beide auf den verdienten Ruhestand. Doch gerade mit dessen Beginn stellte sich auch die Diagnose ›Alzheimer‹ bei dem Mann ein. Die Krankheit schritt schnell voran. Die liebevolle Pflege der Frau mündete schließlich in Überforderung. Sie musste ihren Mann in ein Pflegeheim bringen. Regelmäßig fuhr sie zu ihm, um Zeit mit ihm zu verbringen, obwohl er sie nicht erkannte. Das hinderte sie nicht, ihm weiter Gutes zu tun durch ihre Zuwendung und Fürsorge.

»Das hast du nicht verdient«, äußerte sie eines Tages, als sie wieder bei ihm war. Da sah sie, wie Tränen über sein Gesicht liefen und wusste, dass er gefühlsmäßig manches verstand.

Obwohl alle Träume, die für den Ruhestand aufgespart worden waren, nie gelebt werden konnten, spürte ich an dieser Frau keinen Groll. »Wir waren füreinander da, als wir noch arbeiten konnten – und jetzt bin ich für ihn da, wie er für mich da gewesen wäre, wäre es umgekehrt gekommen.«

Liebe ohne Rückmeldung, Liebe ohne Erwiderung, das ist letztlich das Zeichen echter Liebe. Es ist die Art, wie Gott uns liebte und suchte zu einer Zeit, als wir ihn noch nicht kannten, liebten oder suchten.

Lernen

Wir hatten drei kleine Kinder. Alle drei hatten sich sehr schnell bei uns angemeldet. Das älteste war gerade vier Jahre alt, das kleinste ein Jahr. Ich war sehr erschöpft. Endlich kam ein wenig Entlastung in meinen Alltag. Eine französische Schülerin wollte über einige Wochen bei uns mithelfen. Sie erhoffte sich, dadurch ihre Deutschkenntnisse zu verbessern. Nicole war eine nette, junge Frau, die gut mit unseren Kindern umgehen konnte. Die Zuneigung bekam sie auch prompt von den Kindern zurück.

Schließlich ging die Zeit bei uns zu Ende. Hoffnungsvoll fragte ich sie, was sie nun bei uns gelernt habe und wie es mit ihrem Deutsch aussähe. Lächelnd antwortete sie: »Madame, ich habe zwei Sätze bei Ihnen besonders gut gelernt und oft geübt. Der eine Satz heißt:

›Musst du aa (= aufs Töpfchen)?‹ Und der andere: ‚Hast du aa gemacht?‹«

›Na, dann mal sehen, wie sie das in Frankreich anwenden will!‹, dachte ich belustigt.

Welche Dinge haben sich uns eingeprägt? Sind sie nützlich, schädlich oder unnötig? Wir sollten immer wieder ans Entrümpeln gehen!

Mut haben und Mut machen
statt missmutig meckern
Meine Meinung vertreten
statt überall mitzuschreien
Mut zur Veränderung
nicht starre Maßregeln einhalten!
Maßlos Liebe schenken,
dafür maßvoll mit Zorn umgehen
Mitgefühl als Streicheleinheit für die Seele
statt Ratschläge, die müde machen
Mehr von Gott erwarten
statt maulen und motzen
Muße haben, um Gott zu hören
statt mit Muss mit ihm Gemeinschaft zu suchen
Mutig sein im Bitten
statt bitter zu werden
Maßlos werden im Vertrauen zu Gott,
alles ist IHM möglich!

Corrie ten Boom drückt es so aus:

Mut ist Angst, die gebetet hat!

Mut haben!

Ferien! Abenteuer! Unser Junge durfte mit den Pfadfindern auf Reise gehen. Ein Abenteuerlager sollte es werden mit Spielen, Spaß und Entdeckungen. Der Schlafsack gehörte natürlich zum Gepäck, denn man wollte ja etwas erleben und nicht langweilig in einem Bett schlafen.

Die erste Nacht verbrachten sie im Heustall auf einem Bauernhof. Der Bauer hatte sie beim Ankommen über alles Notwendige informiert. Die Toilette war drüben, auf der anderen Seite des Hofes. Ein kleines Licht würde die Nacht über brennen, damit sie den Weg dahin fänden.

Es war kalt, und trotz Schlafsack fröstelten einige der Kinder. Auch unserem Jungen war ziemlich kalt, obwohl er eine ganze Menge Heu über sich häufte. Schließlich stand er auf, um zur Toilette zu gehen. Er hatte gerade einige Schritte über den Hof gesetzt, als er merkte, wie vor ihm ein Schatten auftauchte. Das bedeutete, dass jemand hinter ihm herging! Angst stieg in ihm auf. Langsam ging er weiter, kaum, dass er sich getraute zu atmen. Der Schatten wurde immer größer. Die letzten Schritte zur Toilette rannte er los und schloss sich ein. Als er sich ein wenig beruhigt hatte, schaute er vorsichtig aus dem kleinen, ausgeschnittenen Herz in der Tür. Weit und breit war kein Mensch zu sehen. Schließlich begriff er, dass der Schatten, den er gesehen hatte, sein eigener Schatten gewesen war, der von dem Hoflicht hinter ihm ihn auf dem Boden abgebildet hatte. Obwohl ihm der Schock noch in den Gliedern saß, musste er lachen. Da hatte er also versucht, vor seinem eigenen Schatten davonzulaufen!

Wie leicht gelingt es dem Feind, uns zu erschrecken. Da bauen sich Sorgen und Ängste in uns auf. Es ging schon vielen Menschen vor uns ebenso. Wieso sollte Gott sonst zu Josua gesagt haben: Sei stark und sei mutig! (Josua 1,9)?

Wir brauchen Mut, um uns immer neu daran zu erinnern, dass Gott stärker ist als alle Macht der Schatten unseres Lebens.

Millimeterarbeit Gottes

Bäume fielen, Späne flogen, und mittendrin ein Haufen fröhlicher Menschen! Dieter und Margret waren als Ehepaar angereist, um in meinem christlichen Ferienhaus am Chiemsee das Gelände in Ordnung zu bringen. Noch mehr Freunde kamen dazu. Sie wollten mithelfen, dass das Haus weiter ein Segensort blieb, an dem Menschen mit Gott in Berührung kommen. Am Morgen hatten Dieter und Margret noch nicht gewusst, wie sehr sie an diesem Tag Gottes Bewahrung brauchen würden.

Dieter stand am Holzbock und zerteilte die meterlangen Stücke mit der Motorsäge in ofenfertiges Holz. Margret reichte sie ihm an. Ein gutes Team! Die zersägten Stücke sammelte Margret wieder auf und stapelte sie im Schuppen. Es war ein frohes Schaffen.

Doch es war auch Knochenarbeit, und die Ermüdungserscheinungen zeigten, dass es für diesen Tag genug war. »Lasst uns den kleinen Holzberg noch sägen«, schlug Elli vor. »Ich packe mit an.«

Margret war gerade wieder mit den Holzstücken auf dem Arm unterwegs, als Dieter einen Schritt zurückging. Was er dabei gedacht hatte, bleibt ihm selbst bis heute verborgen. Der Schock sitzt noch zu tief in den Gliedern. Mit der laufenden Motorsäge verletzte er seine Frau dabei folgenschwer an der Schläfe zwischen Auge und Ohr.

Was danach geschah, lässt sich leicht erahnen. Das Blut schoss nur so aus der Wunde. Die anderen stürzten herbei. Auf den Notruf: »Motorsägenunfall« kamen sofort zwei Krankenwagen, ein Notarzt und drei Sanitäter angefahren. Die Erstversorgung fand im Rettungswagen statt mit Infusion, Wundversorgung und weiteren Sofortmaßnahmen.

Im Krankenhaus war der Albtraum nicht zu Ende. Die Polizei kam bis in den Operationssaal. Zum Schock der Verletzung kam, dass Margret von einem Polizisten aufgesucht wurde. Mit dem Alkoholtestgerät wollte er prüfen, ob bei diesem Unfall Alkohol mit im Spiel war. »In meinen furchtbaren Schmerzen fragte ich nur: ›Was wollen Sie denn von mir?‹ Zum Glück verließen sie dann wieder den Raum.«

Da die Säge keinen glatten Schnitt hinterlassen hatte, war es für den Arzt sehr schwer, die Wundränder zusammenzufügen. Immer wieder stöhnte er, während er nähte.

»Sie müssen wohl den obersten der Schutzengel gehabt haben«, erklärte er. »Nur einen knappen Millimeter hat die Säge die Hauptschlagader verfehlt. Und das wäre das Ende gewesen!«

Margret bekam stärkste Schmerzmittel. Trotzdem waren das Dröhnen und der Schmerz im Kopf kaum auszuhalten. Dieter durfte im Rettungswagen mitfahren. Das Warten im Vorraum zum OP-Saal kam ihm vor, als wären es lange, bange Stunden. Zwei Polizisten baten ihn, den Unfallhergang genau zu schildern. Dieter war fix und fertig. Einer der Polizisten umarmte ihn in Mitgefühl über seine Situation.

Bei einer weiteren Untersuchung äußerte ein Arzt:

»Laut Bericht kann man nur sagen: Sie haben mehr als 17 000 Schutzengel gehabt!« Obwohl die Verletzung in unmittelbarer Nähe der Hauptschlagader war, zeigte diese keinerlei Beschädigung.

Im Befund von Dr. Kreutz heißt es: »Voll verletzt, beginnend am lateralen Lidwinkel ca. 12 cm nach lateral ziehende, ca. 5 cm breite, zerfetzte Hautzone, am Jochbein 2 Corticalisschuppen in der Tiefe anhängend ...«

Das Auge schwoll vollkommen zu. Margrets Gesicht wirkte wie eine Baustelle. Wochenlang war es blau und grün verfärbt, bevor es sich langsam wieder normalisierte. Die Schmerzen ließen aber noch lange nicht nach.

Als sie das Auge wieder ein wenig öffnen konnte, schockierte sie zwar auch ihr Aussehen und die große Naht. Aber viel mehr erschütternd und beunruhigend war, dass sie mit ihrem Auge nicht mehr ihr Umfeld erkennen konnte. Dieses Auge vermittelte den Eindruck, vor ihr läge ein zerschlagener Spiegel. Und im Scherbenhaufen spiegelte sich die Sonne wieder.

Margrets bange Frage war: Werde ich je wieder normal sehen können? Die Ärzte hatten darauf keine endgültige Antwort. Aber unser wunderbarer, großer Gott schenkte Margret Stück für Stück ihre normale Sehkraft wieder. Ehre sei Gott!

Leider vergaß man beim Fädenziehen einige Fäden, was über zwei weitere Wochen starke Schmerzen verursachte. Aber auch die wurden schließlich gefunden und entfernt.

Margret meint: »Wie soll ich Gott nur dafür danken, dass er mir mein Leben neu geschenkt hat? Am 28. Oktober werde ich bewusst meinen zweiten Geburtstag feiern, nämlich den Tag, der mein Sterbetag hätte sein können. Gott bewahrte mich davor, ihn für diesen Unfall anzuklagen. Ich brauchte nicht nach dem Warum zu fragen. Es einfach nur Dank dafür, dass ER mich errettet hat vor dem Tod. Für meinen Mann war diese Zeit auch sehr schwer zu ertragen, weil er den Unfall verursacht hatte. Aber letztlich schenkte uns der Herr, dass wir auch neu dankbar füreinander wurden. Ich weiß: Gott hat noch eine Aufgabe für mein Leben, und ich bin gespannt, was er mit mir vorhat.«

Meerestief versenkt

Heftig blies der Wind über das Deck des Riesenschiffes. Hoch spritzte die Gischt. »Kein Grund zur Besorgnis«, ließ man uns wissen. Trotzdem konnten sich nicht alle Passagiere an dem Schauspiel erfreuen. Viele litten unter Übelkeit. An den Geländern hingen Tüten, falls das Unvermeidliche passieren sollte.

Als Referentin war ich eingeladen, Vorträge zu halten. Auf der Westeuropatour waren wir in Le Havre an Land gegangen. Das erste Mal hatte ich Paris gesehen mit allen Prachtbauten und staunend vor dem Eiffelturm gestanden. Menschenschlangen hatten sich davor aufgestellt, um die Stadt von oben betrachten zu können. Bei weiteren Stopps am Hafen besichtigten wir den Mont Saint Michel. Ich war beeindruckt davon, wie er da so mitten aus dem Meer herausragte.

An den Abenden wurde die Schiffsgemeinde zu Vorträgen eingeladen. »Wer bewohnt mich und wem gebe ich Lebensrecht in meinem Lebenshaus?«, hieß eines meiner Themen.

Wie viel ist mein Lebenshaus wert? Wie viel bin ich (mir) wert? Wie viel bin ich Gott wert? Wem gebe ich in meinem Lebenshaus Raum? Wen beherberge ich in meinen Gedanken? Wer versucht, mich zu bestimmen? Was habe ich in den Abstellkammern untergebracht und sollte es endlich entsorgen? Mit welchen inneren ›Feinden‹ frühstücke ich vielleicht sogar, obwohl sie mich quälen?

Viele dieser Fragen standen im Raum. Den Feinden wurden Namen gegeben wie Sorge, Angst, Bitterkeit, Verletzung, Schuld …

Am Abend war über den Lautsprecher die Information gekommen: »Heute Nacht werden wir die tiefste Stelle des Meeres erreichen, die wir während unserer Kreuzfahrt passieren.«

Diesen Satz griff ich auf und ermutigte meine Zuhörer: »Heute haben Sie die Möglichkeit, all das ins Meer zu versenken, was Ihnen heute beim Vortrag bewusst wurde. Wie Sie hörten, befindet sich hier eine große Tiefe. Nutzen Sie die Chance, ihre ›Feinde‹ zu versenken!«

»Ich muss unbedingt mit Ihnen sprechen«, kam eine Frau danach auf mich zu. »Da ist ein Hausbewohner, der mir heute Abend bewusst geworden ist. Ich habe ihn nicht eingeladen. Aber er nimmt große Teile meines Lebenshauses ein und bestimmt mein Denken.«

Sie bekannte Schuld, die sie seit dem Tag verfolgte, seit sie geschah. Miteinander gingen wir im Gebet zu dem, dem alle Gewalt im Himmel und auf Erden gegeben ist, und der gesagt hat: »Dir sind deine Sünden vergeben.«

»Dort, wo die Schuld von Gott versenkt wird, kann kein Mensch sie wieder heraufholen«, versicherte ich ihr.

Corrie ten Boom, eine Holländerin, die wegen ihrer Judenbeherbergung im KZ saß, drückte es so aus: »Dort, wo Jesus die Sünden versenkt hat, steht eine Boje mit der Aufschrift: ›Fischen verboten.‹«
So dürfen weder andere noch wir selbst wieder herausfischen, was Jesus am Kreuz für uns getragen und vergeben hat.

Immer wieder neu beginnen
nicht nach hinten schauen!
Nachhelfen
statt nachtragen und vorwerfen
Neugierig sein auf das, was Gott mit mir vorhat
statt neugierig andere auszuhorchen,
Neu beginnen, jeden Morgen mit Danken
statt nörgeln und neiden
Natürlich bei Gott um Gesundheit bitten
nein sagen zu allem, was krank macht
Neidhammel nicht unzensiert
in unserem Gehirn blöken lassen!
Das nervt!
Jesus schenkt uns eine neue Kreatur:
Siehe, ich mache alles neu!

Dem Neidhammel die Nahrung entziehen

Sie schaute nachdenklich und schien jemanden zu beobachten.

»Was geht durch Ihren Kopf?«, fragte ich deshalb die Frau, die mir beim Frauenfrühstück gegenübersaß.

»Wissen Sie, da kam gerade meine Nachbarin herein. Ich frage mich wirklich, wie das möglich ist, dass sie schon wieder ein neues Outfit anhat. Sie hat doch auch keine größere Rente als ich!«

Wie schnell schleicht sich doch der Neidhammel in unser Gehirn. Warum weisen wir ihn eigentlich nicht in die Schranken oder jagen ihn fort? Stattdessen lassen wir ihn oft unzensiert in unsere Gedanken hineinblöken. Und die Folge davon bewirkt, dass uns die Freude genommen wird.

In den Sprüchen Salomos finden wir viel Weisheit, die uns lehrt, was Gedanken, die wir nähren, mit uns machen können. Gedanken sind die Vorbereitung auf unser Tun und beeinflussen unsere Gefühle. Am schnellsten macht sich der Neid auf und davon, wenn wir beginnen, für das Gute in unserem Leben zu danken, statt auf das zu starren, was uns fehlt.

Nein sagen zu allem, was krank macht!

Bereit zur Müllentsorgung?

Man merkte ihr eine tiefe Erschütterung an. Sie war zum Gespräch gekommen, weil sie nicht fassen konnte, dass so etwas in ihrer Ehe hatte passieren können.

»Der Auslöser dazu war gering gewesen«, begann sie. »Ich bin entsetzt! Wir sind beide Christen! In all den vielen Ehejahren ist das nie vorgekommen.«

Als Seelsorgerin rechnete ich mit dem Schlimmsten.

Schließlich brach es aus ihr heraus: »Mein Mann hat ›dumme Kuh‹ zu mir gesagt!«

Ich fand das nicht wundervoll, war aber doch erleichtert. »Wie reagierten Sie darauf?«, wollte ich wissen.

»Seitdem spreche ich kein Wort mehr mit ihm!«

»Und wie lange liegt das Ganze zurück?«, fragte ich weiter.

»Ganze 6 Wochen! Aber wenn ich an diesen Satz denke, stößt es mir immer noch bitter auf!«

Wie ist es möglich, dass unser Inneres sich weigert, zu vergeben?

Etwa drei Pfund Gewicht schwer ist unser Gehirn, eine graue Masse, die ähnlich aussieht, wie die beiden Hälften einer Walnuss. Was darin vorgeht, entspricht einem hochentwickelten Computer, der angeblich einen Speicherplatz enthält für drei Millionen Jahre. Etwa eine Milliarde (9 Nullen!) Neuronen, sogenannte Bäume, tragen jeweils 70 000 Äste, sogenannte Dendriten. Das sind Infos aus dem Buch »Who switched of my brain«, von Dr. Leaf, einer Gehirnforscherin.

Alles, was wir denken, fühlen, riechen, hören, lernen, erleben, vernetzt sich in einem hochsensiblen

Zentrum, das bewusste und unbewusste Gedankenvorgänge speichert.

Unser Gehirn warnt uns, wenn wir ein Messer in die Hand nehmen, mit dem wir uns schon einmal geschnitten haben. Es hält uns zurück, auf die heiße Herdplatte zu greifen, denn es erinnert sich an den Verbrennungsschmerz. Durch das Erinnerungsvermögen müssen wir auch nicht ständig neu das Alphabet lernen und vieles andere.

Das Gehirn ist eine wunderbare Einrichtung Gottes, um uns lebensfähig zu machen und vor Gefahren zu warnen. Verletzungen, seien sie emotional oder körperlich, werden besonders intensiv gespeichert. Das ist als Warnvorgang gedacht, um vor weiterem Schaden zu bewahren.

Leider verselbständigen sich aber schmerzliche Erinnerungen. Sie führen häufig zu Blockaden und Ängsten und vermindern damit unsere Lebensqualität. Wem z. B. immerzu gesagt wird, dass er nichts wert ist, speichert das als Verletzung. Doch sie prägt sich durch die Wiederholung auch als Wirklichkeit ein, die enorme Blockaden zur Folge haben können.

Interessant ist, dass wir negative Erlebnisse stärker in Erinnerung behalten als gute. Sie beschäftigen uns noch lange danach und holen uns ein, wenn uns die Person, die sie ausgelöst hat, wieder begegnet – oder eine ähnliche Erfahrung durch einen weiteren Menschen geschieht. Was zum Schutz vor Verletzung gedacht ist, kann sich zu einem Gefängnis entwickeln, aus dem wir nicht mehr herausfinden.

Sind wir diesen Gedanken einfach ausgeliefert? Oder können wir sie beeinflussen?

In Sprüche 4,23 steht: »Mehr als alles achte auf deine Gedanken!« Wir sind also nicht hilflos! So lesen wir in 1. Mose 4,7b, wie Gott zu Kain sagt: »Die Sünde lauert vor der Tür. Du aber herrsche über sie.« Kain herrschte nicht. Er gab sich geschlagen von seinen Gedanken – und brachte seinen Bruder um.

Gott hat uns eine Entscheidungsmöglichkeit gegeben. Wir sind unseren Gedanken nicht blind ausgeliefert. Gott gab uns die Fähigkeit, Gedanken zu untersuchen, ja sie sogar in eine Richtung zu lenken, die wir wollen. Gott gab uns einen Willen.

Ihn zum Guten zu lenken, gelingt nicht ohne weiteres. Denn wir leben in einer Welt, die von Kräften beherrscht wird, die Gewalt über uns gewinnen wollen. Der Feind Gottes will unser Inneres zermürben und uns in Traurigkeit, Selbstwertzweifel, Sorgen und Bitterkeit gefangen halten.

Nicht umsonst fordert uns deshalb Paulus in 1. Thessalonicher 5,21 auf: »Prüfet alle, und das Gute behaltet!« Das meint: Lass dich nicht dazu verleiten, immer nur über das Schlimme und Negative nachzudenken. Fülle deinen Kopf mit guten Gedanken.

Und Jesus lehrt uns in der Bergpredigt das »Unser Vater«. Darin heißt es in Matthäus 6: »Vergib uns unsere Schuld, wie auch wir vergeben unseren Schuldigern.«

Jesus will uns damit sagen: Lass deinen Feind los, denn sonst bestimmt Bitterkeit dein Leben. Und das zerstört dich selbst.

Es ist eine immer neue Entscheidung, die wir innerlich treffen müssen, die Frage, wie werde ich mit der Situation umgehen?

Dr. Leaf schreibt, dass Bitterkeit sich sogar an Auswüchsen im Gehirn zeigen kann, die ähnlich wie Dornen wirken. Hass wirkt zerstörend, Vergebung befreit! Wer also Unversöhnlichkeit pflegt, verletzt sich selbst am meisten. »Vergebung ist wie eine Gefühlsdusche«, sagt Dr. Leaf.

Bittere Gedanken gehören also in die Mülltonne!

Wie kann das praktisch aussehen?

Drücken Sie Ihren Schmerz und Ihre Gefühle vor einem vertrauenswürdigen Menschen aus. Geben Sie danach im Gebet diese Gefühle ganz bewusst in die Hand Gottes zur Entsorgung. Widersprechen Sie negativen Sätzen, die Sie immer wieder »reiten« wollen und Beschuldigungen, die nicht stimmen. Sagen Sie deutlich ein Nein dazu. Ersetzen Sie diese Aussagen mit solchen, die richtig sind!

Und wenn es um Schuld geht, lassen Sie nicht zu, dass Sie länger damit gequält werden. Wenn Sie Jesus Ihre Schuld gegeben haben, erinnern Sie Ihre Gedanken daran, dass diese Schuld vergeben ist durch den Tod Jesu.

Fördern Sie gute Gedanken!

Mir hilft es, Bibelverse auswendig zu lernen. Wenn Sorgen mich reiten wollen, versuche ich 1. Petrus 5,7 zu praktizieren. Auch das Singen ist eine gute Möglichkeit, unsere Gedanken auf Gott hin auszurichten. Wer Gutes in seinem Denken zulässt, wird auf Dauer ein fröhlicher Mensch. Wer sich mit Gott und seinem Wort beschäftigt, entgiftet buchstäblich sein Gehirn. Tun Sie sich selbst Gutes! Pflegen Sie Gemeinschaft mit Menschen, die Gutes tun und Gutes sagen. Reden Sie mit Gott und sagen Sie ihm alles, was Sie bewegt. Das ist so etwas wie Großreinemachen in Ihrem Denken.

Nach meinen Ausführungen kam die Frage der Frau: »Und wenn ich meinem Mann vergebe und wieder mit ihm rede, wie soll ich reagieren, falls er noch einmal so etwas äußert?«

Ich gab ihr den Rat des Apostels Paulus aus Kolosser 4,6 weiter: »Eure Rede sei lieblich – und mit Salz gewürzt!«

Angelehnt an den Vorschlag des Apostels könnte die Reaktion der Frau etwa so klingen:

»Mann, überleg mal, was du da gerade sagst, denn zu einer Kuh gehört ein Ochse dazu!«

O

Offen sein für Order von oben
statt ohne IHN durch den Tag zu gehen
Organisieren
statt mich vom Terminkalender terrorisieren zu lassen
Original bleiben statt zur Kopie zu werden,
auch wenn dabei Fehler passieren
Ohne Falsch sein,
auch wenn mich andere dabei übervorteilen
Originell Dinge angehen
statt ohnmächtig perfekt sein zu wollen
Offene Augen haben
für Menschen ohne Hilfe
Ordnung in meinen Gedanken
statt Gefühle ohnmächtig über mich herrschen zu lassen
Ohren verschließen vor Negativ-Reden,
nicht wie ein olivgrüner Papagei alles nachsprechen
Ohne mich könnt ihr nichts tun, sagt Jesus Christus,
– aber mit IHM alles!

Oh, wie wunderbar hat Gott dich gemacht!

Sonntagmorgen. Gottesdienst! Unsere Kinder waren in einem bestimmten Alter gut im Ausreden finden, warum es dieses Mal absolut nicht passte, mitzugehen. Das änderte sich schlagartig, als mein Mann für einige Zeit in einer amerikanischen Kirche die Vertretung übernahm. Plötzlich machte es Spaß, mit zu gehen. Viele junge Leute besuchten dort den Gottesdienst, und außerdem gab es genug gut aussehende Männer, die noch nicht verheiratet waren.

Im Auto warteten wir auf die letzte unserer Töchter, um losfahren zu können. Aber was kam da aus der Tür? Ich war fast starr vor Schreck. Mit einem viel zu kurzen Rock, hochhackigen Schuhen und einer Frisur, die eher gerade einen Orkan überstanden hatte, stakste sie zum Auto. Ich schaute meinen Mann fragend an: Würden wir sie zum Umkleiden wieder ins Haus schicken, kämen wir zu spät. Außerdem wusste man nicht, ob sie dann überhaupt noch mitgehen würde.

Würde sie aber in diesem Aufzug mitgehen, wie konnte man das all den jungen Männern zumuten? ›Herr‹, betete ich im Stillen, ›bitte blende heute allen Männern die Augen!‹

Angekommen am Parkplatz stakste sie vor mir her zu der Chapel. Ich lief hinterher und war ganz benommen. Einer der anderen Pastoren begrüßte alle an der Tür. Freundlich gab er ihr die Hand und meinte: »Oh, wie wunderbar hat Gott dich gemacht!«

Ich staunte. Welch eine Begrüßung!

Vielleicht ist das der Schlüssel, das Wesentliche im Menschen zu sehen und sich vom Äußeren nicht irritieren zu lassen!

Gott gebe uns mehr Gelassenheit!

O du fröhliche

Ausgerechnet auf dem Friedhof? Ja, in der Weihnachtszeit hatten wir die Geschichte von Johannes Daniel Falk gelesen, dem Liederdichter des Weihnachtsliedes »O du fröhliche, o du selige, gnadenbringende Weihnachtszeit«. Ein wirklich frohes Lied! Wie fröhlich musste wohl der Mann gewesen sein, der es gedichtet hatte! Auf dem alten Friedhof in Weimar sollte angeblich noch sein Grabstein zu sehen sein.

Als ich mit den Kindern in Weimar unterwegs war, gingen wir auf die Suche und fanden ihn. Wie in dem Bericht gestanden hatte, so lasen wir, was darauf geschrieben stand: »Unter diesen grünen Linden ist durch Christus frei von Sünden Herr Johannes Falk zu finden.« Zwei junge Linden waren wohl erst vor kurzer Zeit neu gepflanzt worden.

Dieser fröhliche Text kam aber nicht aus einem unbeschwerten Leben. Ursprünglich hatte Falk Theologie studiert. Er war ein Zeitgenosse von Goethe und freundete sich sogar mit ihm an.

Immer mehr kam er aber vom Glauben an Gott ab und schrieb satirische Taschenbücher. Doch das änderte sich im Jahre 1813, als vier seiner Kinder kurz nacheinander an einer Seuche starben. Nach der Beerdigung erkrankte auch Falk selbst schwer und schwebte zeitweise in Lebensgefahr.

Nach seiner Genesung veränderte er sich vollkommen. Von nun an wollte er Gott und Menschen dienen. Immer wieder nahm er Waisenkinder bei sich auf, half armen Menschen und bezahlte das Schulgeld für verwilderte Kinder. Bis zu seinem Tod 1826 führte er den »Lutherhof«, ein zunächst heruntergekommenes Haus in Weimar, das er mit den Kindern renovierte. Dort betreute er mit seiner Frau zusammen im Lauf seines Lebens mehr als 500 Kinder.

Einem Freund schrieb er: »Könnten Sie uns sehen! Sie würden sich freuen und Gott preisen. Kinder von Räubern und Mördern singen Psalmen und beten. Ja, es ist wirklich so, wo Ketten und Fußblöcke, wo Peitschen und Gefängnis nichts vermögen, trägt die Liebe den Sieg davon.«

»O du fröhliche!« Immer noch klingt das Lied aus alten Tagen in der weihnachtlichen Zeit aus den Lautsprechern der Kaufhäuser.

Eigentlich sollten wir es nicht nur in der Weihnachtszeit singen. Denn Weihnachten ist immer dort und dann, wo wir Jesus in unser Herz und Leben einlassen.

»Ohne mich könnt ihr nichts tun«, sagt Jesus. (Johannes 15,5)

Aber mit IHM ist alles möglich! (Markus 9,23)

Opfer gehören auf den Altar – offen sein für Gottes Wege

Singen, das ist ein Lebenselixier. Heute weiß man durch Studien, dass Singen körpereigene Kräfte mobilisiert, die Stimmung hebt, Durchblutung fördert, Sauerstoffaufnahme erhöht, Lungenkapazität erweitert, das Gedächtnis trainiert, Endorphine ausschüttet.

Gesang ist heilsam für den ganzen Menschen. Aber das wusste ich zuvor alles nicht.

Nur eines war mir klar: Singen macht Spaß und bereitet mir unsagbare Freude.

»Sie sollten sich jetzt wirklich operieren lassen«, sagte der Arzt mit ernstem Gesicht, nachdem er mich untersucht hatte. Seit Jahren waren bei mir Knoten in der Schilddrüse diagnostiziert worden. Zwar sollten sie gutartig sein, doch bei jeder weiteren Untersuchung fanden sich einige mehr, und die vorhandenen wuchsen unaufhörlich weiter. Ich hatte Gott im Gebet diese Knoten anvertraut und war innerlich voller Frieden, dass ER die Sache für mich regeln würde. Die Vorstellung einer Operation löste in mir Ängste aus. Immerhin wusste ich, dass man dadurch seine Stimme verlieren konnte. So schob ich die Entscheidung vor mir her.

Inzwischen zeigte mein Hals eine auffällige Wölbung. Der Arzt hatte 22 Knoten gezählt. Jetzt wusste ich, dass mir nichts anderes übrig blieb.

Im Krankenhaus wurde mir mein Zimmer gezeigt.

Eine frisch operierte Frau begrüßte mich mit klingender Stimme. Sie zerstreute meine Bedenken und ermutigte mich, gleich beim Aufwachen nach der Narkose das Wort »Amerika« zu sagen. Dann wüsste ich, dass alles gut gelaufen wäre.

Als ich zu mir kam, saß mein Mann an meinem Bett. Ich versuchte, ihn anzulächeln und dabei das Wort »Amerika« zu sagen. Doch zu meinem Entsetzen kam nur ein krächzender Laut aus meinem Munde. Tränen rollten aus meinen Augen.

»Hab Geduld«, tröstete mich mein Mann, »du bist gerade frisch operiert. Das muss einfach alles noch heilen.«

Bei der Visite waren es fast die gleichen Worte, die der Arzt sprach: »Es war eine recht blutige Angelegenheit«, informierte er mich. »Die Knoten hatten sich um Speise- und Luftröhre gelegt. Wahrscheinlich ist einer der Stimmbandnerven berührt, hoffentlich nicht verletzt, worden. Wir sagen im Scherz: Er reagiert beleidigt.«

Als ich entlassen wurde, verabschiedete ich mich flüsternd vom Stationspersonal. Zu Hause gestaltete sich die neue Situation nicht gerade lustig. Ich konnte niemanden rufen, wenn das Telefon für ihn bestimmt war. Mit in die Hände klatschen und einer Kuhglocke versuchte ich manche Botschaften im Haus zu vermitteln, um zum Mittagessen einzuladen. Im Scherz gab ich manchmal zum Besten: »Alle erholen sich von mir und meiner lauten Stimme. Denn ich kann jetzt nur noch flüstern.«

Es war an einem Sonntag. Ich saß in der Kirche und öffnete das Gesangbuch. Die Orgel setzte ein, und ich vergaß für einen Moment meine Behinderung. Als ich anfangen wollte zu singen, war mir wieder klar, was mir fehlte. Aus Schmerz darüber tropften meine Tränen auf die Gesangbuchseiten. Es war mir, als würde Gott Zwiesprache mit mir halten. »Bist du bereit, mir deine Stimme auf den Altar zu legen?« Ihm meine Stimme überlassen? Lebenslang nicht mehr singen können? Das konnte er doch nicht wollen? Mit dieser Stimme hatte ich Vorträge gehalten, um Menschen mit ihm bekannt zu machen, mit dieser Stimme hatte ich mit anderen gebetet und sie ermutigt, ihm zu vertrauen, mit dieser Stimme hatte ich zu seiner Ehre gesungen!

In mir tobte ein heftiger Kampf, bevor ich zaghaft antworten konnte: »Herr, wenn du meinst, dass ich dir auf diese Weise dienen kann, bin ich einverstanden.« Friede breitete sich in mir aus. ER würde es gut machen, egal, wie alles ausging. ER würde bei mir sein, mit und ohne Stimme. ER hatte einen Plan für mein Leben, und ich wollte ihm vertrauen.

Viele Wochen war ich bei einem Logopäden, um die Stimme wiederzuerlangen. Leider ohne Erfolg. Meine Stimme war nicht zurückgekommen, doch ich durfte diesem Menschen bei meinen Übungen Worte von Gottes Liebe zuflüstern. Ob Gott ihn durch mich erreichen wollte?

Irgendwann begannen wieder Worte aus meinem Mund zu kommen. Irgendwann sang ich mein erstes Lied. Zwar waren die Töne noch bescheiden und tief, aber sie waren da.

Und irgendwann kam die ganze Kraft der Stimme wieder zurück.

»Deine Stimme ist jetzt angenehm weich geworden«, äußerten Menschen, »schöner als zuvor.«

Gott, wie groß bist du! Danke, danke, danke!

Parkplatz suchen am Herzen Gottes
statt Putzfimmel frönen
Mein Herz putzen
statt penibel die Fehler der anderen aufzupolieren
Prinzipiell in Gottes Nähe leben
dann habe ich permanent Frieden trotz aller Umstände
Priorität sollte Gott in meinem Leben haben,
dann passiert es nicht, dass anderes mich bestimmt
So lange meiner Seele Pastor sein,
bis mein Herz Gott Glauben schenkt
Jesus Christus hat den höchsten Preis für mich bezahlt
ich bin für IHN wertvoller als eine Perle

Warum haben sie es nicht einmal probiert?

Man hätte eine Stecknadel fallen hören, so atemberaubend still war es im Raum. Ich erzählte gerade vom Volk Israel, wie sie durch die Wüste zogen. Sie murrten gegen ihren Anführer Moses und beschwerten sich wegen des Essens. Unter den Kindern, die zuhörten, begann eine lebhafte Diskussion.

»Ich mag immer noch keinen Salat und muss trotzdem immer wieder welchen essen. Mama sagt, er ist gesund. Aber ich will ihn nicht«, polterte Sven los.

»Bei uns gibt es ganz oft Kartoffeln, dabei mag ich viel lieber Nudeln«, ließ sich Isabell aus.

»Und ich soll immer Fleisch essen, aber ich will doch nicht, dass die Tiere dafür sterben müssen«, meinte Tina aufgebracht.

»Tja, so ähnlich kann es damals vielleicht auch gewesen sein. Es war keine Dankbarkeit dafür da, dass es immer etwas zu essen gab und sie jeden Tag satt wurden. Wer dankbar ist, kann sich viel mehr freuen, als jemand, der an allem etwas auszusetzen hat. Dankbarkeit lässt uns auf das schauen, was wir haben – nicht auf das, was fehlt«, erklärte ich den Kindern. »Damals schickte Gott den Menschen als Strafe für ihre Undankbarkeit feurige Schlangen. Wen diese Giftschlangen bissen, der starb. Es war furchtbar. In dieser entsetzlichen Not rannten Menschen zu Mose: ‚Mose, Mose, bitte Gott für uns, dass er die Schlangen wieder wegnehmen soll! Es tut uns wirklich leid, dass wir so gemotzt haben wegen des Essens!‹«

»Da bin ich aber froh, dass Gott das nicht auch so bei uns macht«, sagte Nadja erleichtert.

»Gott sprach nun zu Mose: ‚Befestige an einem Stab eine aus Kupfer angefertigte Schlange. Wer gebissen ist und dorthin schaut, der wird nicht sterben‹«, fuhr ich fort.

»Wie soll das denn geholfen haben«, meinte Ralf fragend.

»Gott wollte einfach wissen, ob die Menschen ihm wieder vertrauen, wenn er etwas sagt. Aber denen ging es wohl eher so wie dir, Ralf. Sie dachten, was soll denn da wirken, wenn ich auf den Stab mit der Schlange schaue. Die aber, die trotzdem hinblickten, wurden gerettet und mussten nicht sterben«, fuhr ich fort.

Leidenschaftlich, fast weinend, rief Monika: »Aber warum haben die anderen es nicht wenigstens probiert?«

Die Frage des Kindes ging mir noch lange nach. Ja, warum eigentlich? Ich habe keine Antwort darauf. Aber ist es nicht auch so mit mir? Jesus fordert mich auf, dass ich mit ihm reden darf, ihn um alles bitten. Aber dann verstricke ich mich in meinen Sorgen und Sünden und vergesse vollkommen, dass ER für mich da ist, dass ER mir helfen will.

Dann kann es auch vorkommen, dass ich von der

Giftschlange Schuld gebissen werde. Aber statt mit meiner Schuld zu Jesus zu gehen, der dafür am Kreuz starb, zermartere ich mir den Kopf mit Selbstvorwürfen.

Ich habe den Eindruck, wir machen es oft nicht anders als die Leute damals.

Parkplatzsuche

Mit unseren vielen Kindern fuhren wir Kleinbus. Wieder einmal war ein Arztbesuch angesagt. Trotz längerer Suche fanden wir keinen Parkplatz. Da wir eine etwas größere Lücke für das große Gefährt brauchten – und ich zudem nicht besonders gut im Einparken bin, fing ich an, Gott laut um einen Parkplatz zu bitten. Es war nur kurze Zeit später, als direkt vor uns die passende Parklücke frei wurde. Ich atmete erleichtert auf.

»Los«, rief ich, »steigt möglichst zügig aus, wir sind spät!«

Eines der Kinder aber meinte: »Halt, noch nicht die Tür öffnen! Wir haben Gott noch gar nicht Danke gesagt!«

Wie gut, dass unsere Kinder uns daran erinnern, was wir ihnen beigebracht haben: Wer bittet und etwas bekommt, der sollte sich auch bedanken!

Schade, dass wir das so oft vergessen, wenn Gott auf unser Gebet geantwortet hat!

Mein Herz putzen

»Hier sieht es ja aus wie bei Hempels unter dem Sofa!«, war die Begrüßung der jungen Frau, die ein Gespräch mit mir suchte. Eigentlich war es für mich zeitlich ungünstig, aber sie schien so verzweifelt zu sein. Anscheinend aber war sie nicht verzweifelt genug, um nicht mein Durcheinander zu rügen, das die Kinder veranstaltet hatten. Aus dem Karton der neuen Waschmaschine war ein Haus entstanden. Überall lagen die Pappteile herum, die herausgeschnitten worden waren. Daneben stand mein Korb mit der Bügelwäsche.

Ich war betroffen und nahm mir nach dem Gespräch vor, nicht mehr so schnell jemandem Hilfe zuzusagen. Doch dann merkte ich, wie sehr ich mich von einem einzigen Satz hatte beeindrucken lassen. Ich würde wieder Hilfe zusagen, falls notwendig. Aber das nächste Mal würde ich meine Gesprächsbereitschaft vorher klären: »Gerne dürfen Sie den Korb mit der Wäsche bügeln, danach können wir dann reden!«

Mich an der Quelle satt trinken
statt qualvoll verdursten
Eine Quelle werden, an der andere satt werden
statt Qualle zu sein, der man aus dem Weg geht
um sich nicht zu verbrennen
Qualität und Quantität muss sich nicht ausschließen,
aber versuche dein möglichstes Quantum zu geben
zur Freude für dich und dein Gegenüber
Was auch immer dir in die Quere kommt,
werde dadurch kein Querulant!
Eile zu Jesus und bitte um Vergebung
quäle dich nicht mit Selbstvorwürfen
Werde ein Quellenmensch,
bei dem andere die Quelle finden

An der Quelle waschen!

Der stinkende Mitarbeiter

»Bruder Hans, könntest du nicht mit Paulo sprechen?«, bat einer der Arbeiter. »Er stinkt so entsetzlich, dass keiner es in seiner Nähe aushalten kann. Es ist wirklich eine Zumutung, mit ihm zu arbeiten!«

Niemand wollte es sich mit Paulo verderben, denn ansonsten war er ein echt netter Kerl. Hans ließ es sich immer wieder durch den Kopf gehen. Wie konnte er Paulo sagen, dass er dringend eine Dusche nötig hatte, ohne ihn zu verletzen? Er wollte doch diesen Menschen die Liebe von Jesus vorleben und ihnen nicht mit Kritik begegnen.

Schließlich nahm er sich ein Herz. »Paulo, wir werden einmal miteinander unter die Dusche gehen«, forderte er ihn auf. »Ich weiß, du bist solche Anlagen nicht so gewöhnt, aber du wirst merken, wie gut das tut. Lass uns Seife mitnehmen. Ich werde dir zeigen, wie man damit umgeht.«

Paulo war einverstanden. Nach der Dusche sah Paulo ein paar Grad heller aus als zuvor. Hans war ganz begeistert davon, was die Dusche bewirkt hatte. Jeglicher Gestank war gewichen. Doch kaum waren sie draußen, als Paulo wieder nach seinem stinkigen Shirt griff.

»Stopp«, rief Hans, »zieh das ja nicht wieder an! Das muss auch erst gewaschen werden!«

Alle lachten, die es sahen.

Paulo war fortan vom Duschen begeistert. Und nicht weniger begeistert waren die anderen, die ihn nun viel besser riechen konnten!

Geht es uns nicht manchmal ebenso? Gerade noch haben wir mit unserem Herrn Jesus gesprochen und ihm unseren Gestank gebracht. Gerade haben wir mit Dankbarkeit seine reinigende Dusche für unser Versagen erlebt. Wir sind kaum aus der Dusche wieder im Alltag angekommen, da greifen wir zu unserem alten, stinkigen, uns gewohnten Shirt!

Da hilft alles nichts! Wir müssen nicht nur uns, sondern auch alle alten Gewohnheiten in die Reinigung geben, sonst stinken wir viel zu schnell wieder!

Was uns in die Quere kommt, sollte uns nicht am Weitermachen hindern!

Querschnittsgelähmt

In Rumänien hatten sie im Waisenhaus mitgeholfen. Erfüllt und neu dankbar für den Wohlstand, den sie in Deutschland hatten, waren die jugendlichen Royal Rangers auf dem Heimweg. Michi, mein Neffe, saß am Steuer. Bei der Fahrt durch Ungarn kamen sie von der Straße ab und stürzten viele Meter in die Tiefe.

Auf wunderbare Weise überlebten alle. Seitdem ist Michi allerdings querschnittsgelähmt.

Aber er gibt nicht auf. In diesem Jahr trainierte er hart, um bei den Paralympics beim Kajakfahren mitmachen zu können. Leider genügte seine Leistung nicht. Etwas traurig berichtete er mir davon.

Ich bin trotzdem sehr stolz auf ihn. Denn Gewinner haben viele Bewunderer. Aber all die anderen, die lange trainiert haben, müssen es aushalten, an zweiter, dritter und letzter Stelle zu stehen. Hätten aber die anderen nicht mitgemacht, wäre da auch die Auswahl anders ausgefallen.

Für mich sind die wirklichen Gewinner diejenigen, die nicht aufgeben. Und auch die empfinde ich als Gewinner, die den Gewinnern den ersten Platz gönnen und sich mit ihnen freuen können. Der Gewinner wird immer der sein, dessen Herz nicht am Gewinnen hängen bleibt.

In diesem Sinn: Herzlichen Glückwunsch, Michi!

Radieren und ausradieren, wie Gott das tut
nicht registrieren und immer neu aufzählen
Ruhen und rasten bewahrt vor Fehlentscheidungen
statt rasen und ausrasten und Rebellion
Rufen zu Jesus
statt sich die Haare auszuraufen
Rettung und Heilung von IHM erbitten
statt ruhelos wach zu liegen
Ruhen in Jesus und ruhig sein
statt rechthaberisch mein Recht zu behaupten
Rosen verschenken
statt Rachegefühle zu nähren
Bei Gott Rat einholen
statt zu resignieren
Reinheit Gottes leben
Statt mich hinreißen zu lassen zu falschen Bildern
Wer Jesus Christus als Retter angenommen hat,
braucht Gott nicht mehr als Richter zu fürchten.

Rettung in letzter Minute

Erschöpft saß ich auf dem Bettrand. Aufstehen? Ich fühlte mich viel zu kraftlos. »Am liebsten würde ich liegen bleiben. Liegen bleiben und schlafen und nicht mehr da sein«, ging es durch meinen Kopf. Eigentlich schämte ich mich dafür, solche Gedanken zu haben. Zwar war ich gerade durch eine schwere Lebenssituation mit Überforderung und Angst gegangen. Aber hatte Gott zum Schluss nicht alles zum Guten gewendet? Ja, mein himmlischer Vater hatte mir hindurchgeholfen. Sollte ich nicht voller Dank und Freude sein? Ich war es trotzdem nicht. Meine Seele wollte auf meine positiven Impulse einfach nicht hören und ließ sich auch nicht umstimmen.

Wie in einem Film tauchten plötzlich Bilder vor mir auf. Innerlich sah ich Elia, den großen Gottesmann, wie er erschöpft und sich nur noch den Tod wünschend, unter einem Wacholder lag. Ich fühlte mich Elia so nah, dass ich spürte: Ich selbst war es, der da gerade lag und keine Kraft mehr zum Leben fand. Der Film lief weiter. Ein Engel tauchte auf, keine Glanzerscheinung, eher ein Mensch in einem weißen Kleid, der sich liebevoll zu ihm, nein, zu mir, herunterbeugte. Brot und Wasser reichte er mir. Ich fühlte mich wie ein Kind, dessen Mutter es versorgt und ermutigt: Iss, trink, und dann leg dich nochmals hin und schlaf weiter. Es wird alles gut werden.

Die Bilder waren so lebendig gewesen, dass ich fast

noch den Geschmack des Brotes und des kühlen Wassers auf der Zunge hatte. Ich fühlte mich erfrischt und getröstet und konnte nicht anders. Dieses Erlebnis musste ich aufschreiben.

Immer noch saß ich auf der Bettkante und kritzelte die Gedanken auf Papier. Ja, ich spürte es, der Engel Gottes war nicht nur Elia begegnet, er war auch in mein Schlafzimmer gekommen.

Nachmittags gab ich die Worte in meinen Computer ein, als ein starker Impuls in mich kam: »Druck den Text aus und schick ihn an Tim (Name verändert).« Eigenartig, dass ich gerade an ihn erinnert wurde. Wir hatten Monate nichts mehr voneinander gehört. Wie es ihm wohl ging?

Den Text legte ich ins Kuvert und schickte ihm liebe Grüße mit den Worten: Ich dachte gerade sehr an dich. Vergiss nicht, der Engel des Herrn kommt auch zu dir.

Am Tag danach läutete das Telefon. Es war Tim. »Du hast mir das Leben gerettet«, sagte er stockend. Ich musste lachen. Er erwiderte mein Lachen nicht.

Und danach verstand ich auch das Warum. Denn es war nicht lustig, was er mir stockend berichtete: »Du hast keine Ahnung, was dein Brief mit dem Text ausgelöst hat! Ich war heute morgen vollkommen am Ende. Die Krankenkasse weigert sich, weiter meine Behandlungen zu zahlen, die durch meine schwere Behinderung bedingt nötig sind. Der Vermieter übermittelte mir, dass ein Umbau anstehe und er mir deswegen kündigen müsste. Die Bank sperrte mein Konto. Das alles hatte sich schon in den letzten Monaten zugespitzt. Dazu schreitet meine Krankheit immer weiter fort. In meiner Verzweiflung begann ich, Tabletten zu sammeln. Ich wusste, dass das nicht der richtige Weg war, aus dem Leben zu gehen. Aber ich redete mir ein, Gott würde gnädig sein, weil er ja meine Situation kenne. Ich wollte die Tabletten nur dann nehmen, wenn ich wirklich nicht mehr weiterwusste, aber ich musste mir auch sicher sein, dass sie todsicher wirkten. Von den stärksten Schmerzmitteln hielt ich deshalb immer eine zurück.

Heute Morgen hatte ich einhundert Stück zusammen. Als ich sie zusammenzählte, wirkte das auf mich wie ein erreichtes Ziel. Die Welt brach über mir zusammen, und der Tod schien die einzige Lösung zu sein. Ich hatte die Tabletten vor mir auf dem Tisch liegen, als es an meiner Tür läutete.

Eigentlich hätte mir jetzt alles egal sein sollen. Aber da ich so wenig Besuch bekam, wollte ich doch noch wissen, wer das war. Der Briefträger hatte einen Brief für mich. Und der Brief war von dir! Was hattest du für einen Grund, mir zu schreiben? Die Todesgedanken waren plötzlich beiseitegeschoben. Wenigstens wollte ich zuvor noch wissen, was im Brief stand.

Ich konnte es kaum fassen! Da las ich genau meine Situation! Lebensmüde, am Ende, nicht mehr weiterwollen, keine Kraft mehr. Ich fühlte mich verstanden. Ja, da war einer, der mein Leid, meine Ausweglosigkeit kannte. Und ER schickte mir in dieser Not seinen Engel!

Ich brach zusammen und weinte herzzerreißend. Gott hatte mich nicht vergessen! ER wusste um meine Not. Er sah mich wie Elia unter dem Busch sitzen.

Als ich mich gefasst hatte, stand ich auf und warf alle Tabletten in die Toilette.

Gott war trotzdem da, auch wenn ich nicht wusste, wie es weitergehen würde. ER hatte mich nicht verlassen. ER würde weiter für mich sorgen.

So, Ruth, jetzt weißt du es, du hast mir das Leben gerettet. Dein Brief kam als Engel Gottes im richtigen Moment in mein Haus.«

Tief bewegt sprachen wir Tims jetzige Situation durch. Ich hatte keine spontane Lösung für ihn. Aber eines wussten wir beide: Gott hatte eingegriffen, und deshalb hatte ER auch einen Weg für Tim – wie ER für Elia einen Weg hatte.

Gott benutzte meine Erschöpfung, um für jemanden ein Bote Gottes zu werden.

Radieren statt registrieren!

Der verlorene Schlüssel

Es war kurz vor acht Uhr. Wir hatten einen Arzttermin. Seit 10 Minuten hätte ich schon aus dem Haus sein sollen. Aber ich suchte immer noch den zweiten

Schuh meiner kleinen Tochter. Wo hatte sie ihn nur hin verschleppt? Meine Hektik steigerte sich. Endlich fand ich ihn und zog ihn ihr an. Tief atmete ich durch. Jetzt konnte es losgehen. Doch der Griff nach dem Autoschlüssel lehrte mich etwas anderes. Er lag nicht an seinem Platz. Auch das noch!

Mein Mann hat sein Büro im Stockwerk unter uns.

»Schatz«, flötete ich, so weit mir das in freundlichem Ton in der Aufregung noch möglich war, durch die Haussprechanlage, »kannst du mir bitte deinen Autoschlüssel leihen?«

Ich wusste, dass er das überhaupt nicht mochte. Leider kam dann auch die erwartete Antwort, die ich schon auswendig konnte: »Es tut mir leid. Aber wenn ich dir jetzt meinen Schlüssel gebe und der ginge auch verloren, hätten wir ein echtes Problem. Bitte such deinen Schlüssel!«

Ich legte den Hörer auf und kochte innerlich. Ohnehin war ich schon zu spät. Nun würde es noch mehr Verzögerung geben. Innerlich gab ich meinem Mann die Schuld daran. Warum war er nur so engstirnig? Er würde wohl nie begreifen, wie man sich fühlte in solch einer Situation! Dazu war er viel zu kontrolliert! Zum Glück fand ich dann meinen Schlüssel in der Jackentasche.

Wochen waren vergangen. Die Schlüsselgeschichte war schon lange vergessen, als mein Mann in die Küche kam: »Hast du meinen Autoschlüssel irgendwo entdeckt?«, fragte er. »Es ist mir unbegreiflich, wie und wo ich ihn verloren haben sollte. Das ist mir noch nie passiert! Dummerweise muss ich einen dringenden Termin erledigen. Kann ich bitte deinen Schlüssel haben?«

Jetzt wäre die Gelegenheit gewesen, meinem Mann Mitgefühl zu zeigen. »Schatz«, hätte ich sagen können, »ich weiß, wie sich das anfühlt, wenn man seinen Schlüssel nicht findet. Hier hast du meinen!« Nein, ich hatte mir diese andere Antwort wirklich nicht vorgenommen. Trotzdem war sie in meinem Kopf gespeichert – und wahrhaftig nicht unter dem Wort Vergebung! Sie formulierte sich, ohne dass ich denken musste: »Es tut mir leid«, antwortete ich höflich, »aber wenn ich dir jetzt meinen Schlüssel gebe und der ginge auch verloren, hätten wir ein echtes Problem. Bitte such deinen Schlüssel!«

Ich staunte nicht schlecht über mich! Hatte ich am vergangenen Sonntag im Gottesdienst nicht gebetet: »Vergib uns unsere Schuld, wie wir auch vergeben unseren Schuldigern«?

Hätte mich zuvor jemand gefragt, ob ich Rachegedanken gegen jemanden hätte, wäre meine Antwort sicher »nein« gewesen.

Wie schnell speichern sich unbewusst negative Gedanken und führen zu immer neuen Verletzungen! Das nächste Mal werde ich hoffentlich anders reagieren.

Aber ob ich dazu je die Chance haben werde?

Zumindest wird mein Mann noch diese Möglichkeiten bekommen, es bei mir zu üben!

Nicht resignieren – Rosen brauchen Zeit zum Wachsen

Wie eigenartig, aber auch wundervoll ließ Gott wieder die Natur vom Sommer Abschied nehmen! Welch ein Reichtum an Farben und Formen kam da auf mich herunter! Dieser Teppich von Gold unter meinen Füßen! Lautlos segelte Blatt für Blatt zur Erde. Trotz aller Schönheit, es kam mir doch vor wie ein leises Sterben. In Gedanken verloren über Ewigkeit und Vergehen ging ich zum Hang.

Ich wollte Rosen setzen, um dem Grün des Rasens im nächsten Frühjahr ein paar bunte Farbtupfer zu geben. Mit den Wurzelstöcken und der Schaufel in der Hand suchte ich geeignete Plätze.

»Mama«, rief mir unser Jüngster zu, »was machst du da eigentlich?«

»Ich setze Rosen.«

»Aber Mama«, lachte er, »das sind doch keine Rosen, das sind Wurzeln!«

»Du hast recht. Aber aus diesen Wurzeln werden im nächsten Jahre Rosen wachsen. Wenn die Aufschrift auf dem beigelegten Papier stimmt, wird der eine Stock rote, der andere gelbe Rosen tragen.«

Energisch schüttelte er den Kopf: »Das glaub ich nicht. Das geht doch gar nicht! Dann zeig mir, wo in den Wurzeln die Farbe versteckt ist«, forderte er mich auf. »Und wo genau soll denn der Duft drin sein. Gibt es da einen Behälter?«

Ich hatte keine Ahnung, wie ich es ihm erklären sollte. Ja, es war wirklich unbegreiflich, wie Gott sich alles ausgedacht hatte. Mein Kind war immer noch nicht über meine Antworten befriedigt. Ich hatte schließlich auch keine.

»Ist das vielleicht so wie mit dem Nikolaus?«, wollte er wissen. »Den gibt es ja auch nicht wirklich. Ihr wollt uns Kindern nur damit eine Freude bereiten.«

»Du wirst es irgendwann sehen, dass das mit den Rosen wirklich stimmt. Du wirst an ihnen riechen können. Auch wenn ich dir nicht erklären kann, warum Farben und Formen und sogar Duft entstehen, so geschieht es doch. Gott ist der Schöpfer von unfassbaren Schönheiten. Er will uns damit Freude bereiten.«

»Das geht doch gar nicht!« Diesen Satz gibt es bei Gott einfach nicht. Und durch mein Kind staunte ich einmal mehr über das Wunder, dass Rosen duften! Wurzeln gehören in die Erde. So dürfen wir auch alles Bedrückende in Gottes gute Hände legen und dann entdecken, wie daraus Rosen wachsen können.

Singen und Gott Dank sagen
statt seufzen
Sonnen in Gottes Fürsorge
statt siebzig Mal über Schatten zu klagen
Salzen, damit es lustig zugeht,
aber nicht versalzen, bis mein Nächster salzig wird
Schokolade wie Salat zu mir nehmen
statt über mein Gewicht nachzusinnen
Sorgen zu Jesus bringen
statt sich von Sorgen reiten zu lassen
Segnen in der Kraft Gottes
statt schmollen oder sauer sein
Sinnieren über SEIN Wort der Versöhnung
nicht mit Schuldgefühlen mich plagen lassen
Schlafen im Frieden Gottes
nicht mit den Feinden meiner Seele
Ihn von ganzem Herzen suchen!
Schätze in den Psalmen entdecken,
die Seele damit sättigen
Psalm 23 als Vitaminbombe

Sternstunde

Als du entstanden bist,
das war eine besondere Stunde Gottes.
Gott sprach: Es werde. Dann wurdest du!
Du bist kein Zufall und kein Unfall,
sondern ein Einfall Gottes.
Und Gott sagt zu dir:
Du bist wertvoller als ein Stern,
der irgendwann im Weltall verglüht!
Du bist gerufen, für mich zu leuchten.
Ich bin es, der vor dir hergeht,
der helle Morgenstern.
Ich weise dir den Weg,
auch im dunklen Tal.
Du bist kostbar in meinen Augen
Und ich habe dich lieb.

Der Segen Gottes

»Ich kenne niemanden, der so viele Kinder hat wie ihr! Und ebenso habe ich noch keinen getroffen, der in so engen Verhältnissen wohnt wie ihr!«, äußerte sich eine Bekannte, als sie uns besuchte. »Dabei habt ihr so gut erzogene Kinder!«

Dieser Ausspruch tat mir besonders gut. Aber ehrlich gesagt war dieser Zustand immer wieder auch die Ausnahme. Unsere Kinder vertrugen sich und stritten sich normalerweise wie andere Kinder auch. So war ich doppelt erleichtert, dass sie sich gerade von der besten Seite präsentierten.

»Also, das möchte ich euch jetzt schon wissen lassen«, fuhr die ältere Dame fort. »Wenn ich einmal sterben werde, sollt ihr mein Erbe bekommen. Ich habe keine Kinder und auch sonst weiter keine Verpflichtungen. Da könnt ihr dann mal alles nachholen, was ihr jetzt entbehrt.«

Mir war bekannt, dass die Frau nicht ganz arm war. Und irgendwie tief drinnen dachte ich: Ja, das wäre nicht schlecht, auch ein bisschen mehr Raum zum Wohnen zu haben.

Die Zeit verging. Da hörte ich eines Tages, dass jene Frau verstorben war. Als ich mich weiter erkundigte, erfuhr ich, dass ihr gesamtes Erbe einem anderen vermacht worden war.

Ich war sehr bedrückt, als ich an diesem Tag zu

Hause ankam: »Weißt du was?«, überfiel ich meinen Mann. »Die Frau, die uns ihr Erbe vermachen wollte, ist gestorben!«

»Das tut mir leid«, sagte mein Mann mit trauriger Stimme.

»Aber weißt du noch etwas?«, fuhr ich etwas aufgebracht fort, »das ganze Erbe hat jemand anderes bekommen. Wir haben keinen Pfennig (es war noch zu DM-Zeiten) davon geerbt! Nichts, gar nichts!«

Mein Mann zeigte sich überhaupt nicht erschüttert. Er hielt mir nur seine offene Hand hin:

»Schau, wir können von dieser Erde nichts mitnehmen, gar nichts, nur leere Hände! Aber was wir in Ewigkeit behalten dürfen, ist der Segen Gottes. Und den kann uns keiner wegnehmen. Nur wir selbst, wenn wir nicht bei Gott bleiben.«

Jahre später öffnete Gott uns die Tür zum Hausbau. Ohne Eigenkapital, nur mit Eigenleistung wurde die Möglichkeit des Bauens gegeben.

Gottes Segen ist das größte Erbe!

Sichtweise verändern!

»Weisheit ist wichtiger als sein Recht zu behaupten«, erklärte mir eine ältere Dame. Und dann unterstrich sie das mit ihrer Geschichte:

»Nein, nicht schon wieder«, stöhnte ich innerlich, wenn mein Mann nicht rechtzeitig abbog. Hatte ich ihm doch schon hundertmal gesagt, wo wir abfahren mussten, um zum Supermarkt zu kommen. Ich schätzte ja, dass er mit mir fuhr und es mir abnahm, die schweren Kisten mit Wasserflaschen zu tragen. Viele Frauen müssen das allein meistern. Aber innerlich war ich trotzdem immer aufgebracht. Er hörte einfach nicht auf mich, wenn ich andeutete, dass wir jetzt abbiegen mussten, um zum Ziel zu gelangen. Oft fuhren wir zweimal dieselbe Stecke, bis er dann endlich die richtige Straße nahm. Manchmal brauchte es sogar drei und mehr Anläufe, bevor er sich überzeugen ließ. Das sorgte natürlich nicht für eine fröhliche Stimmung. Schon bevor wir losfuhren, stand ich unter Spannung. Diese fruchtlosen Diskussionen, wie ich sie hasste! Und wie mein Mann sich immer aufregte, wenn ich ihm sagte, jetzt solle er den Blinker setzen. Er war sich sicher, dass es erst die nächste Abbiegung war, die wir nehmen mussten.

Bogen wir dann endlich, gefühlsmäßig nach dem x-ten Anlauf, ab, atmete ich erleichtert auf. Für heute hatten wir es geschafft. Aber innerlich war ich noch den ganzen Tag unter Spannung.

»Du trägst mit die Schuld an der Luftverschmutzung«, so ließ ich zu Hause dann oft meinen Ärger heraus. »Außerdem könnten wir das Benzin sparen, das wir unnötig verfahren!«

Er blieb jedoch immer ganz gelassen: »Das bisschen Benzin können wir uns doch leisten«, meinte er.

Ich betete, Gott möge mir eine Lösung zeigen. Diese

Fahrten brachten uns innerlich immer so gegeneinander auf. Lange dachte ich darüber nach. Sollten wir uns als altes Ehepaar wirklich so plagen, nur, um recht zu haben oder recht zu behalten? Wir leisteten uns ohnehin keinen Urlaub. Da gab Gott mir eine Idee: Ich könnte ja unsere Einkaufsfahrten als Spazierfahrt durch die Stadt betrachten. Dann spielte es keine Rolle, welchen Weg wir dabei wählten, und wie oft wir dieselbe Strecke fuhren! Hauptsache, mein Mann saß noch an meiner Seite und hatte mich noch nicht zur Witwe gemacht!

Seitdem gehen wir ganz entspannt miteinander einkaufen. Ich sitze neben ihm im Auto und registriere nicht mehr, wie oft wir an der richtigen Straße vorbeifahren. Es ist unsere Zeit zu zweit. Wir unterhalten uns ganz entspannt über Dinge, die uns gerade durch den Kopf gehen, soweit der Verkehr nicht zu dicht ist. Und ich denke in meinem Herzen: Wie bin ich froh, dich noch zu haben!

Das Solo

Im Dorf waren wir bekannt als Leute, die viele Kinder hatten. Dazu waren wir Zugezogene, also keine so gute Voraussetzung, um in die Dorfgemeinschaft integriert zu werden. »Die kriegt schon wieder ein Kind«, hörte ich eine Frau einer anderen zuraunen, als ich beim Einkaufen war.

Dass wir Kinder bewusst wollten und nicht einfach

in die Welt setzten, konnten sie kaum begreifen. Nein, offensichtlich lebten wir nicht mehr zur Zeit der Bibel, in der Kinder als Segen gesehen wurden.

Doch es gab auch wunderbar offene Türen. So konnte ich, nur einige Häuser weiter entfernt, bei einem ehemaligen Kirchenmusikdirektor meine alten Klavierkenntnisse auffrischen. Zwar war ich oft viel zu erschöpft. Doch wenn ich nach der Unterrichtsstunde wieder nach Hause kam, fühlte ich mich erfrischt, mit Freude an meine Alltagsarbeit zu gehen.

Bei einer Hochzeit erlebte ich dann unseren Kfz-Meister als Sänger. Ich war ganz begeistert von seiner Tenorstimme und fragte ihn nach seinem Lehrer. Interessanterweise nannte er den Namen meines Klavierlehrers. Ab jetzt bekam ich zum Klavierunterricht auch noch Gesangsstunden, was mir ungeheure Freude bereitete. Meine Stimme sang zu seiner Begeisterung schließlich bis zum hohen A hinauf, was ich selbst nicht fassen konnte.

Schließlich stand das große 100-jährige Jubiläum seines Chores vor der Tür. Er lud mich zum Mitsingen ein. Das »Halleluja« von Händel klingt jetzt noch in meinen Ohren, denn ich fühlte mich ein wenig so, als wären die Engel herabgekommen, um mit uns zu singen.

Danach durfte ich im Sologesang das »Benedictus« vortragen. Ich war aufgeregt, denn als Begleitung hatte man für diesen Tag das Orchester des Nationaltheaters in Mannheim eingeladen. »Benedictus, qui venit« (Gelobt sei, der da kommt im Namen des Herrn!) Ja! Wie wünschte ich, dass mein Gott gelobt würde!

Ich habe den Eindruck, dass ich nie zuvor und niemals danach so rein und klar singen konnte.

Viele Leute in unserem Dorf waren fasziniert. »Wen hatte der Dirigent da arrangiert?«

Als sie erfuhren, dass es die Frau mit den vielen Kindern aus ihrem eigenen Dorf war, konnten sie es kaum glauben.

Wie groß ist unser Gott, der ein »Benedictus« benutzte, um uns als Familie aus dem bedauernswerten Stand der Minderwertigen herauszuheben!

Und wie groß ist Gott, dass er uns nicht mit dem Maßstab der Menschen misst, sondern seinen göttlichen Maßstab auf jedes Leben legt: wertvoll, einmalig, besonders, geliebt!

Schlafe nicht mit deinen Feinden, sondern schlafe ganz in Frieden

Wenn wir zur Ruhe kommen, fängt unser Gehirn an, das aufzuarbeiten, was wir am Tag erlebt haben. Leider sind da nicht immer nur Dinge, die uns erfreuen, sondern häufig unverarbeitete Verletzungen. Kleine Stiche, die als Wörter von anderen gefallen sind und gar nicht gleich wahrgenommen wurden, manchmal auch nur abwertende Blicke oder das Gefühl, nicht wahrgenommen zu werden, fallen dann ein.

Bevor wir einschlafen, sollten wir uns diese Situationen nochmals ins Bewusstsein rufen, sonst senken sie sich als unverarbeitetes Material in unser Unterbewusstsein.

Man könnte auch formulieren: »Leg dich nicht schlafen mit deinen Feinden!« Wie sieht das praktisch aus? Überlege dir, was dir wehtat, welcher Ausspruch dich verletzte, welcher Blick dich irritierte. Und dann bring sie einzeln ans Kreuz zur Entsorgung. Vergib ganz bewusst jedem, damit er kein Recht mehr hat, deine Gedanken zu besetzen. Werde sie allesamt los, diese Feinde, die dein Gehirn vergiften wollen. Und strapaziere nicht weiter deine Nervenzellen mit ihrem Gift.

Eine alte Dame im Nachbarort erklärte mir, wie sie eine Ungerechtigkeit bewältigt, die sie immer neu quälen will. Sobald ihr bewusst wird, dass sie wieder im Gedankenmuster der erlittenen Ungerechtigkeit gefangen ist, betet sie: »Vater im Himmel, da hast du es, was mich so quält.«

Diese Quälgeister gehen gelegentlich des Nachts mehrmals durch ihren Kopf. Aber immer wieder ist ihre Rettung, dass sie sie dem Vater im Himmel übergibt. »Denn der kommt mit ihnen klar«, weiß sie zu berichten.

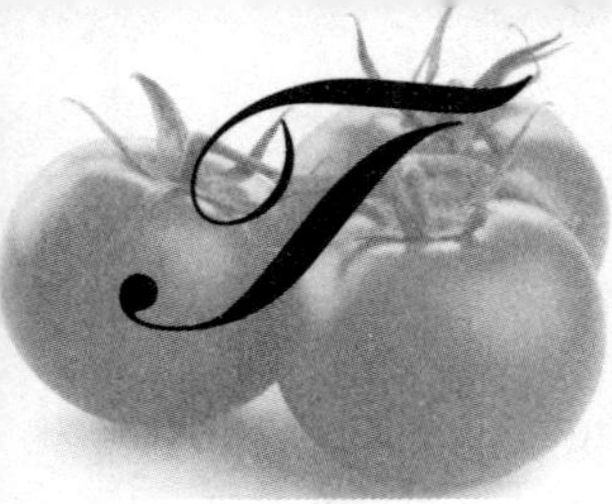

Trauer zulassen,
aber nicht mit Tränen abstürzen
Mich trauen, Neues zu wagen
aber nicht kurzsichtig in Schwierigkeiten stürzen
Teilen und mitteilen, um zu klären
statt nachzutragen
Im Lebenssturm zu Gott rufen
nicht auf die Wellen starren
Eine Tasse Kaffee oder Tee trinken
statt böse Worte in mir speichern
Therapie Gottes in Anspruch nehmen
statt anderen den Kopf vollzujammern
Tränen am Herzen Gottes ausweinen
statt in Trauer zu versinken
Trost annehmen und Trost austeilen
statt tatenlos dabeizustehen
Tanzen vor Freude
statt toben vor Wut
Wer nachträgt, hat die Last auf dem eigenen Rücken
Mich von Gott tragen lassen

Tragen und sich tragen lassen

Sonntag! Herrlich schien die Sonne vom Himmel. Die Hitze des Sommers hatte sich in wärmende Strahlen des frühen Herbstes verwandelt. Dieses Wetter lud zum Wandern ein. Mit drei Kindern fühlten wir den weichen Waldboden unter unseren Füßen. Aromatisch duftete es nach Pilzen. Wie Schatzsucher machten wir immer neue Entdeckungen. Jede neue Sorte, die wir fanden, wurde gesammelt. Zu Hause wollten wir die Funde auf dem Tisch ausbreiten. Dann würden wir anhand eines Pilzlexikons versuchen herauszufinden, wie sie hießen. Nein, essen würden wir keinen davon, dazu war ich viel zu unkundig und zu vorsichtig.

Bei unserer Suche waren wir immer tiefer in den Wald hineingegangen. Zwar kannte ich mich noch aus, aber der Rückweg schien besonders für unseren Jüngsten dann doch zu weit zu sein. Ständig jammerte er über seine schmerzenden Füße. Ich war selbst so müde, dass mir das Laufen schwerfiel. Und so trug ich zunächst sein größeres Spielzeug, das er unbedingt zum Wandern hatte mitnehmen wollen. Schließlich blieb er stehen und wollte gar nicht mehr weiter.

»Ich hab auch keine Kraft mehr«, erklärte ich ihm, »versuch noch ein wenig weiterzulaufen.«

Aber es war nichts mehr zu machen. So nahm ich ihn hoch. Er saß auf meinem linken Arm, an der rechten Hand trug ich sein Spielzeug.

»Mama«, meinte er fast bettelnd, »wo du jetzt schon

mich tragen musst, gib mir doch das Auto, damit ich dir wenigstens beim Tragen helfen kann.«

Seine kindliche Fürsorge fand ich richtig süß. Doch ich musste spontan lachen. »Kleiner«, erklärte ich ihm, »auch wenn du das Teil übernimmst, werde doch ich dich und das Spielzeug tragen müssen. Du kannst es ruhig in meiner Hand lassen.«

Geht es mir nicht manchmal wie meinem Kind? Ich bin am Ende meiner Kraft, spüre, wie ich zu schwach bin zum Weitergehen. Meine Lasten habe ich Gott in die Hände gelegt, und schließlich auch mich selbst. Aber dann meine ich, den Vater im Himmel mit meinen Bitten zu überfordern. Ich nehme meine Last wieder selbst in die Hand. Ich sorge mich, obwohl ich mit meinem Sorgen überhaupt nichts verändern kann.

Diese Gedanken gehen mir vor dem Einschlafen durch den Kopf.

Und so bete ich: Vergib mir, Vater im Himmel, dass ich dir nicht zutraue, dass du mich mit aller meiner Last und meinen Sorgen trägst. Manchmal will ich dir durch mein Sorgen helfen und erreiche dabei nur, dass die Last mich beschwert. Danke, dass du mich mit meiner Last trägst. Du bist stark genug, mich und alles, was an mir hängt und auf mir liegt, auf deine starken Schultern zu nehmen.

Ein Ort für meine Tränen

Wissenswertes über Tränen

Sammle meine Tränen in einen Krug, ohne Zweifel, du zählst sie. (Psalm 56,9)

Tränen sind eine wässrige Flüssigkeit, die leider oft unkontrollierbar aus den Augen läuft. Sie kommen aus dem Überlaufventil und ergießen sich über das Gesicht. Buchstäblich fördern sie unsere Gefühle zutage. Wenn der innere Druck zu groß ist, quellen sie wie ein Brunnen heraus.

In der Regel haben Frauen davon einen größeren Vorrat als Männer, was wohl an der Beschaffenheit des Inneren liegt. Da die Frau bei der Teilung im Paradies Hilfe für den Mann werden sollte, hat sie diesen Teil, was Tränen angeht, größtenteils übernommen. Deshalb blieben für den Mann wahrscheinlich so wenige Anteile davon übrig. Da die Seele der Frau Schwammcharakter hat, – ich habe die These, sie wurde aus der weichen Seite des Mannes herausgenommen –, fließt dieses Wasser auch sehr viel leichter aus ihr heraus. Allerdings kann der weiche Schwamm auch schneller seine Form wieder finden, wenn erst einmal der Druck weggenommen ist.

Tränen können entlastend wirken. Man weint sich aus. Am besten werden sie gestillt, wenn jemand sich dem weinenden Menschen zuwendet und ihn tröstet.

Nicht immer werden Tränen vom Gegenüber richtig verstanden. Manch einer fühlt sich davon unter Druck gesetzt und aufgefordert, nachzugeben. Ja, es stimmt, es gibt Frauen, die Krokodilstränen weinen können, nur, um ein neues Kleid zu bekommen.

Wir können Freudentränen weinen, wenn wir ein Kind geboren haben. Aber es gibt auch bittere Tränen, wenn Menschen, die wir lieben, uns schwer enttäuschen. Vielleicht sind das die fruchtbarsten Tränen, wenn wir Schuld erkennen und darüber Buße tun, zu Jesus gehen und Vergebung empfangen.

In der Regel brauchen wir Frauen, wenn wir weinen, einfach einen Ort der Geborgenheit.

Wie gut, dass es in Psalm 56 heißt: »Sammle meine Tränen in einen Krug, ohne Zweifel, du zählst sie.« Und in Psalm 139 steht: »Du siehst meine Gedanken von ferne.«

Das ist so tröstlich.

Wenn mein Tränentopf mal wieder gefüllt ist und durch irgendeine Situation bedingt dann überläuft, gehe ich oftmals ins Badezimmer. Ich knie am Badewannenrand und schütte Gott mein Herz aus. In dieser Haltung des Kniens spüre ich noch deutlicher Gottes Größe, und wie er mich umgibt mit seiner tröstenden Gegenwart. Es ist außerdem sparsamer, so zu weinen, schon allein, weil die Tränen kein Taschentuch brauchen.

Manchmal nehme ich mir richtige Auszeiten für Tränen, wenn ich weiß, dass niemand zu Hause ist. Für mich ist das entlastend, wenn ich nicht erklären muss, warum ich weine. Ich setze mich in den Schaukelstuhl und stelle mir vor, es sei die große Hand Gottes. Weiter male ich mir ein inneres Bild, wie ich mein Ohr an Gottes Herz lege und höre, wie ER zu mir sagt, dass ich von ihm geliebt bin. Danach spreche ich all das aus, was mich bewegt und weiß: ER hört zu. ER weiß genau, wie ich es meine. ER fühlt sich nicht unter Druck gesetzt durch meine Tränen.

Allerdings kann man sich auch in Schmerz hineinweinen. Deshalb überlege ich mir zuvor, wie lange ich meiner Seele die Gelegenheit gebe, mich so auszudrücken. Danach stehe ich auf, wasche mein Gesicht und weiß: Jetzt ist wieder alles bei meinem Vater im Himmel aufgehoben.

Welch ein Geschenk, einen Ort für meine Tränen zu haben!

Mich umfangen lassen von der Liebe Gottes
statt gefangen sein von Ungerechtigkeit
Überwinden das Böse
statt umzukommen in der Sünde
Umarmen in Vergebung
statt den Unmut über mich herrschen zu lassen
Unbedingt das Böse vom Guten unterscheiden lernen
nicht der Lüge unterliegen
Unverschämt bitten wie die Witwe im Gleichnis
statt in unendlicher Traurigkeit verzagen
Unmöglich gibt es nicht bei Gott
denn bei IHM ist alles möglich

Unmöglich gibt es bei Gott nicht

Mercedes statt Schrottkiste

Die Mutter von Mario hatte die Jungs ins Schwimmbad gebracht. Auch unser Sohn war dabei. Ich sollte nun alle wieder abholen. Lärmend und fröhlich kamen sie auf dem Parkplatz angerannt. Ich winkte ihnen.

»Was?«, fragte Mario, »in diese Schrottkiste soll ich einsteigen?«

Zugegeben, unser Auto war kein Vorzeigemodell. Eine Tür war ersetzt worden, nachdem sie bei einem Unfall unbrauchbar geworden war. Der Lack zeigte Beschädigungen und war an vielen Stellen matt geworden. Gebrauchsspuren und Rost hatten den einstigen Glanz ruiniert. Mit einem BMW waren sie ins Schwimmbad gebracht worden, mit einem alten VW wurden sie abgeholt. Die anderen Jungs stiegen einfach ein. Nur Mario zögerte.

»Es ist deine Entscheidung, ob du mitfahren willst oder nicht«, gab ich ihm die Wahl, »es sind 20 km bis nach Hause.«

Schließlich ließ er sich doch zum Mitfahren bewegen. Vielleicht duckte er sich während der Fahrt, um nicht in diesem Auto gesehen zu werden?

Einige Zeit war vergangen, als liebe Freunde uns besuchten. »Wir haben euch etwas mitgebracht«, äußerten sie geheimnisvoll. »Wir können es leider nicht hereinbringen, ihr müsst schon vors Haus kommen!«

Dort stand – unglaublich, aber wahr – ein Mercedes!

»Wir dachten, bei den vielen Reisen, zu denen Ruth unterwegs ist, bräuchte sie ein gutes Fahrzeug. Und bevor wir unser altes Auto austauschen wollen, möchten wir es euch schenken.«

Altes Auto? Es hatte zwar über 200.000 km auf dem Tacho, war aber traumhaft schön und in Ordnung. Wir fragten uns nur, ob wir solch ein Fahrzeug überhaupt finanzieren konnten? Nach allen Rücksprachen nahmen wir dieses wundervolle Geschenk fassungslos und dankbar an.

Statt Schrottkiste, Mercedes! Danke, Vater im Himmel! Wie groß bist du!

Unerhörte Gebete

Kleine Kinder, kleine Sorgen! Wie ärgerte mich dieser Spruch, wenn ich meine Kinder anlächelte und von ihnen vorschwärmte. Kleine Sorgen? Ich litt mit ihnen, wenn der Keuchhusten sie plagte, ich verband ihre kleinen und großen Wunden, wenn sie hingefallen waren, ich spürte ihren Schmerz, wenn andere Kinder sie geärgert hatten! Kleine Sorgen?

Doch als sie größer wurden, verstand ich mehr und mehr, was mir gesagt worden war.

Da fiel bei einigen Teenagern zunächst das Singen am Abend aus. Dafür fühlten sie sich zu groß. Und manche wollten kein Gebet mehr, wenn ich zu ihrem Bett kam. Nur reden wollten sie. Still ging ich dann nochmals an ihr Bett, wenn sie schliefen, und segnete sie. Wie oft nahm Gott mir dabei die Bitterkeit, die mich tagsüber erfasst hatte, wenn sie mir nicht gerade höflich geantwortet hatten. Wie gut ist es doch, dachte ich dann, dass ich mit Gott über sie sprechen kann, auch wenn sie selbst nicht mehr mit ihm reden.

Es war Abend. Ich war müde. Die meisten unserer Kinder waren schon erwachsen. Die noch zu Hause wohnten, gingen meist erst nach mir zu Bett.

»Setz dich doch noch ein wenig zu mir«, bat eine Tochter. »Mama, du hast doch einen heißen Draht zu Gott. Könntest du nicht mal für mich beten, dass sich ein bestimmter Junge in unserem Dorf für mich interessiert? Ich mag ihn einfach so gerne.«

»Okay«, meinte ich, »aber ich will zuerst seinen Namen wissen.« Den wollte sie mir nicht gleich sagen. Doch als ich hörte, wie der Junge hieß, war mir klar, dass das jemand war, für den ich wirklich nicht beten wollte. Er war bekannt dafür, schon viele Freundinnen gehabt zu haben. »Für den kann ich und will ich nicht beten. Kennst du nicht all diese Geschichten über ihn?«

»Bei mir würde er sich sicher ändern«, war sie überzeugt.

»Ich werde für den richtigen beten«, fuhr ich fort.

»Nein, nein, bitte für den, den ich meine!«, drängte sie.

»Ich werde trotzdem für den richtigen beten«, fuhr

ich fort. »Wenn der es sein sollte, den du meinst, dann haben wir ja sogar für ihn gebetet.«

Im Herzen aber bat ich Gott flehentlich darum, er wisse doch genau, dass ich mit dem »Richtigen« nicht den Typen meinte, den sie haben wollte.

Wie schwer mag Gott es mit manchen unserer heiß erflehten Gebete haben! Er kennt die ganze Zukunft und will uns vor manchem bewahren. Heute sieht es aus, als würden die Gebete nicht erfüllt, morgen werden wir vielleicht erkennen, wie unvernünftig unser Gebet war und sogar dankbar sein, wenn es nicht erfüllt wurde. Bei manchen unerhörten Gebeten werden wir vielleicht erst im Himmel begreifen, vor was wir bewahrt worden sind.

Monate danach lernte unsere Tochter einen liebenwürdigen, jungen Mann kennen.

»Ein Glück, dass Gott mein Gebet nicht erhört hat«, ließ sie mich eines Tages wissen.

V

Vergiss nicht das Gute –
statt dich zu vergrämen am Schweren!
Vergib
statt zu verbittern
Vergleiche dich nicht
das macht unzufrieden
Versöhne dich
statt zu versauern
Verlass deine Selbstverdammnis
verlass dich auf die Vergebung Jesu
Vertraue Gott
statt zu verzweifeln
Verbinde Wunden
statt neu zu verletzen
Vergib, das macht dich selbst froh
statt zu vergelten, das macht unglücklich
Verstreue Liebe, streue reichlich aus,
hole bei Gott Nachschub, wenn dein Vorrat ausgeht.

Der verlorene Sohn

»Mein Sohn ist Alkoholiker. Immer wieder verfällt er dem Alkohol. Ich liebe ihn so sehr und kann ihm doch nicht helfen!« Weinend saß eine Frau vor mir und klagte mir ihr Leid.

Zu dieser Zeit war ich noch jung. Unsere ersten beiden Kinder waren geboren, und ich hatte gerade die ersten Erfahrungen mit der Trotzphase hinter mir.

Während ich der Frau zuhörte, machte ich mir dabei meine eigenen Gedanken: »Sicher hat die Frau in der Erziehung etwas falsch gemacht. Hat sie diesem Jungen vielleicht in der Kindheit nicht genug Zuneigung gezeigt, die er sich jetzt im Alkohol zuführt?« Natürlich sprach ich das nicht aus. Ich versuchte, sie zu trösten und betete mit ihr. Als sie gegangen war, dachte ich: »Nein, so etwas wird später in unserer Familie sicher nie vorkommen!«

Nachdem fünf unserer Kinder geboren waren, bat uns das Jugendamt, vorübergehend einen Jungen aufzunehmen, für den sie keinen Platz im Heim fanden. Er hatte schon mehrere Pflegestellen hinter sich und war inzwischen 10 Jahre alt.

Ich fühlte mich überfordert, mit einem Kind zu leben, das älter war als unsere eigenen und sicher manche Störungen durch seine Vorgeschichte hatte. Doch Gott legte meinem Mann und mir diesen Jungen aufs Herz, und so kam er zu uns.

Bei vielen Therapien, die wir mit dem Jungen durchlaufen mussten, lernten wir, mit ihm umzugehen. Es war eine Herausforderung für unsere ganze Familie.

Was mich am meisten schmerzte, war, dass er mit Gott nichts anzufangen wusste. Er machte wohl mit, wenn wir sangen, lernte Gitarre zu spielen, aber innerlich hatte er keinen Bezug dazu. Wenn ich abends von Bett zu Bett wanderte, um mit jedem Kind zu singen und zu beten, wollte er mich natürlich auch an seinem Bett haben. Er wollte gerne, dass ich mit ihm sang und betete, aber selbst zu beten, dazu hatte er keine Lust.

Mehr und mehr entwickelte er sich zu einem gut aussehenden, jungen Mann, der den Schulabschluss schaffte und eine Ausbildung begann. Leider stürzte er mit dem Erwachsensein in ein Leben ab, das ihm selbst nicht gefiel, aus dem er aber keinen Weg herausfand.

Trotz allem riss die Verbindung zwischen uns nicht ab. Wenn ich gelegentlich auf der Durchfahrt bei ihm Halt machte, freute er sich riesig.

Viele Jahre vergingen. Der Alkohol hatte ihn inzwischen fest im Griff. Trotz einiger Entziehungskuren fiel er immer wieder zurück in alte Muster. Es war schmerzhaft zu sehen, wie er kämpfte und es doch nicht schaffte, herauszukommen.

Unser Telefon klingelte. »Mama«, hörte ich am Ende der anderen Leitung, »ich bin es.

Kannst du mir bitte sagen, wie das Lied hieß, das

du mir damals immer gesungen hast, wenn du abends an meinem Bett gesessen hast? Ich weiß nur noch einen Teil davon. Abends bete ich jetzt immer, was ich davon noch weiß: ‚Gott ist die Liebe, lässt mich erlösen. Gott ist die Liebe, er liebt auch mich. Amen.‹ Ist das ein gutes Gebet?«

»O Junge, das ist das beste, was du beten kannst«, gab ich zurück. »Doch im Hintergrund höre ich das Lärmen, als wärst du wieder in einer Kneipe.«

»Leider hast du recht«, sagte er bedrückt, »aber kannst du mir das Lied von damals nicht noch einmal singen? Ich werde jetzt in die Toilettenräume gehen, da kann ich dich besser hören.«

Und so begann ich zu singen. Ich sang alle Verse, die mir einfielen:

Gott ist die Liebe, lässt mich erlösen,
Gott ist die Liebe, er liebt auch mich.
Drum sag ich's noch einmal:
Gott ist die Liebe! Gott ist die Liebe,
er liebt auch mich.

Ich lag in Banden der schweren Sünde,
ich lag in Banden und konnt nicht los.
Drum sag ich's noch einmal:
Gott ist die Liebe! Gott ist die Liebe,
er liebt auch mich.

Er sandte Jesus, den treuen Heiland,
er sandte Jesus und macht mich los.
(August Diedrich Rische 1819–1906)

»Mama, was meint Banden?«, wollte er danach wissen.

»Es ist der Alkohol, der dich wie in einem Gefängnis hält«, erklärte ich ihm. »Aber Jesus ist stärker und kann dich erlösen von dieser Sucht. Darf ich mit dir beten?«

Ja, das wollte er, von ganzem Herzen.

Menschlich ist bis jetzt noch keine Veränderung zu sehen. Aber ich vertraue dem Herrn Jesus, dass ER das kann, was kein Mensch bewirken könnte: Meinen Jungen erlösen von der Fessel des Alkohols!

Vergebung empfangen

Nach den Vorträgen an diesem Frauentag war ich ziemlich erschöpft. Doch Frauen warteten noch darauf, dass ich mit ihnen betete. Es war spät geworden und meine Kraft ziemlich verbraucht. Aber da saß immer noch jemand, der wartete. »Herr Jesus, füll mich nochmals, damit ich dieser Frau dienen darf«, betete ich innerlich.

Alicia hatte es lange Jahre verdrängt. Sie wollte nicht mehr darüber nachdenken. Schließlich war es nicht ihre Schuld gewesen, dass sie so gehandelt hatte. Aber an diesem Tag war es ihr plötzlich wie Schuppen von den Augen gefallen: Eigentlich hätte sie noch ein Kind. Es müsste jetzt schon 20 Jahre alt sein. Die Lebensumstände waren damals unmöglich gewesen, die Wohnung zu klein, sie war arbeitslos, und schließlich hatte auch ihr Freund sie noch verlassen. Damit hatte sie sich immer vor sich selbst gerechtfertigt. Aber das ging jetzt nicht mehr. Dieses Kind verfolgte sie in ihren Gedanken. Es kam ihr vor, als würde es sie anklagen. Und sie fühlte sich hilflos ausgeliefert, verzweifelt und verdammte sich selbst, dass sie keinen Weg gefunden hatte, dass das Kind hätte leben dürfen. Die Schuld stand vor ihr wie ein übermächtiger Riese, obwohl er nur die Gestalt eines kleinen Kindes hatte.

»Machen Sie meine Schuld ja nicht klein«, forderte sie mich auf. »Sagen Sie ganz offen, dass Sie mich verurteilen. Ich brauche jetzt kein Mitleid, weil ich nicht verschweigen will, was ich gemacht habe. Es war mein Kind, und ich habe ihm sein Leben geraubt.« Alicia verbarg ihr Gesicht in ihren Händen und schluchzte.

Während unseres Gesprächs erinnerte sie sich an ein zweites Kind, das sie nicht hatte annehmen können, als es entstanden war. Auch dieses Kind hatte sie jahrelang aus ihrer Erinnerung gestrichen. Ihr Schmerz war unsagbar groß.

Ganz behutsam konnte ich sie auf die vergebende Liebe Gottes hinweisen. Diesen Gott, der sein eigenes Kind schlachten ließ, damit unsere blutenden Wunden heilen, diesen Gott, der durch Jesus Christus alle Schuld vergeben will, wenn wir sie ihm bringen.

Alicia gab sich selbst und ihre beiden Kinder in die

barmherzige Hand Gottes. Wir fanden Namen für diese namenlosen Ungeborenen und befahlen sie dem himmlischen Vater an.

Nach all dem schrecklichen Schmerz wurde Alicia von einer solchen Freude über die Vergebung Gottes erfasst, dass sie kaum zu halten war. Ich musste sie immer wieder ermahnen, leise zu sein, während wir durch den Gang gingen. Denn im Haus hatten sich schon viele zum Schlafen gelegt.

»Wo ist solch ein Gott wie du, der Sünden vergibt«, musste ich denken.

Worte zum Wohlfühlen wählen
statt Worte, die wehtun
Das Gute wollen
dem Falschen wehren
Wahrhaftig sein
statt wehleidig eigenen Vorteil suchen
Neues wagen
ohne waghalsig zu werden
Worte wechseln
statt Wortwechsel
Wichtiges vom Unwichtigen unterscheiden
mich selbst nicht immer wichtig nehmen
Wie die unverschämte Witwe bitten
statt mich weinerlich zu bemitleiden
Wohnung nehmen an Gottes Herz
Wunder sind Gottes Spezialität
Weinen und wissen, ER versteht mich sehr wohl
ER weiß den Weg, auch wenn ich ihn (noch) nicht weiß

Bitte nicht verwechseln!

Zwei Bibelverse stehen auf meiner Lieblingsliste:

Alle eure Sorge werft auf ihn, denn er sorgt für euch (1. Petrus 5,7)

und: Werft euer Vertrauen nicht weg, welches eine große Belohnung hat (Hebräer 10,35).

Leider bin ich immer wieder in der Gefahr, sie miteinander zu verwechseln.

Die Sorge werfe ich nicht auf Jesus, sondern behalte sie bei und in mir, um sie zum ständigen Begleiter zu machen. Dabei kann ich an der Sorge überhaupt nichts ändern, außer, dass ich mich sorge. Und diese Sorgen lasten unnötig auf meinem Innern. Laut Studie treffen zudem mehr als 95 Prozent unserer Sorgen niemals ein. Aber zugegeben, es genügen uns die 5 Prozent, die eintreffen könnten!

Jesus fordert uns auf, uns nicht zu sorgen! Es ist nicht ein Vorschlag von ihm, sondern ein ausdrücklicher Befehl in der Bergpredigt. Er weiß, wie Sorgen uns reiten können und uns gute Lebensqualität rauben. Dem himmlischen Vater sollen wir unsere Sorgen anvertrauen, weil er uns verspricht, sich um unsere Sorgen zu sorgen. Er kennt sogar die Zahl unserer Haare auf dem Kopf.

»Bei mir hat er da nicht so viel zu zählen«, meinte dazu belustigt eine liebe Freundin, die einen spärlichen Haarwuchs hat …

Und nun zum Vertrauen: So leicht wie wir uns von

Sorgen beherrschen lassen, ebenso schnell lassen wir uns vom Feind das Vertrauen rauben. Statt darum zu kämpfen, Gott zu vertrauen, hinterfragen wir Gott, ob er auch alles richtig bedacht hat, was wir vielleicht ganz anders regeln würden. Dabei merken wir oft im Nachhinein, wie manches scheinbare »Unglück« ganz anders endete, als wir uns hätten vorstellen können.

Als unser altes Auto vor einigen Monaten bei Eisregen auf der Autobahn liegen blieb, erschien mir das wie eine Katastrophe. Der Kabelbrand gab dem Auto nur noch Schrottwert. Doch Gott lenkte es so wunderbar, dass wir zum Schluss so viel mehr für den alten Wagen von der Versicherung bekamen, als wir je hätten erhoffen können. Deshalb wurde es möglich, einen neueren anzuschaffen.

Wir werden in der Ewigkeit sicher einmal staunen, vor wie viel wir bewahrt wurden, was uns zunächst als Unglück schien. Gottvertrauen ist wirklich besser als sich zu sorgen.

Wahre Worte: War das schön damals!

Es war eine unruhige Nacht. Blitze zuckten, und es donnerte, dass es einem unheimlich wurde. Wir hatten unseren Kindern erlaubt, in unser Bett zu kommen, wenn sie Angst hätten. Und so hatten sich vier kleine Gestalten im Lauf der Nacht zwischen uns Platz geschaffen.

Irgendwann war ich trotz der Enge aus Erschöpfung

eingeschlafen. Aber dann wachte ich auf, weil Füße über mir lagen und die Bettdecke fehlte. Zu gleicher Zeit war auch mein Mann wach geworden. Er saß an der einen Seite des Bettes, ich an der anderen. Im schwachen Schein der Straßenlaterne, die durch den Rollladen schien, versuchten wir, unseren Körper zurechtzurücken aus der unbequemen Lage. »In 20 Jahren werden wir sagen: War das schön damals!«, flüsterte er mir zu.

Inzwischen ist es soweit. Die 20 Jahre sind vorbei.

»War das schön, damals!«, flüsterte ich ihm neulich zu, als wir beide im Bett lagen und nicht schlafen konnten.

Wir müssen das Schöne immer wieder finden und festhalten.

»Ist etwas Gutes, dem denkt nach«, fordert uns deshalb Paulus im Brief an die Epheser auf.

Wunder, Gottes Spezialität

»Sie haben so viele Kinder! Ich habe kein einziges! Dabei haben mein Mann und ich es uns so sehr gewünscht! Fast zehn Jahre sind dabei vergangen. Menschlich ist es hoffnungslos, meinen die Ärzte.« So klagte eine Frau nach einem meiner Vorträge.

»Da hilft Jammern gar nichts«, antwortete ich. »Darf ich stattdessen mit Ihnen beten, dass Gott, der beste aller Ärzte, eingreift?« Sie nickte.

»Herr Jesus«, sagte ich in einfachen Worten, »diese Frau wünscht sich so sehr ein Kind. Du bist der Herr über den Mutterschoß. Schließ du ihn auf, wenn diese Frau das nächste Mal ihrem Mann begegnet.«

Ich hatte die Frau und mein Gebet schon lange vergessen. Doch Jahre danach hörte ich, dass sie schwanger geworden war. Sie hatte nicht nur ein Kind bekommen, sondern nacheinander brachte sie vier Kinder zur Welt. Ich war tief bewegt und unendlich glücklich über diesen Wunder wirkenden Gott, dem ich gehörte. Nachdem ich die Telefonnummer der Frau herausgefunden hatte, rief ich sie an.

»Wie gerne möchte ich ihre Geschichte aufschreiben zur Ehre Gottes. Würden Sie mir bitte erzählen, wie das alles geschah?« Am Ende der Leitung hörte ich ein deutliches Seufzen. »Wollen Sie mir sagen, was Sie bedrückt?«, fragte ich weiter.

»Wissen Sie, das war alles so unglaublich. Aber jetzt ist es so anstrengend, dass ich kaum denken kann. Gerne berichte ich Ihnen, wie groß Gott ist. Rufen Sie doch bitte in ein paar Jahren an, wenn die Kinder größer sind und ich wieder den Überblick habe.«

Weiß ich den Weg auch nicht, du weißt ihn wohl!

Nach sechs Jahren Latein hatte ich die Schule ziemlich satt. Außerdem wollte ich Krankenschwester werden, und dazu genügte die damals sogenannte ›Mittlere Reife‹ auf dem Gymnasium. Schon Monate zuvor hatte ich mich bei einer Bibelschule beworben und eine Zusage bekommen. Ich hatte nach der Krankenschwesternausbildung vor, in die Mission nach Kamerun zu gehen. Dazu wollte ich nicht unvorbereitet sein und die Bibel möglichst gut kennenlernen. Ich freute mich riesig auf diese Zeit.

Es war wenige Wochen vor Schuljahresende, als mein Vater mich ansprach: »Es gibt Probleme mit der Bibelschule. Wahrscheinlich klappt es doch nicht.«

Sowohl traurig als auch ärgerlich nahm ich die Nachricht entgegen. Wollte ich nicht Gott dienen? Wieso verhinderte er dann solch eine gute Absicht? Ich verstand nichts mehr, außer dass ich keine Ahnung hatte, wie ich so kurz vor meinem Abschluss irgendetwas Sinnvolles finden könnte. Je mehr ich darüber nachdachte, umso mehr entwickelte ich Aggressionen.

Schließlich setzte ich mich ans Klavier, meinen Stammplatz, wenn ich mit meinen Gefühlen nicht zurechtkam. Dort spielte ich mir häufig den Kummer von der Seele oder ließ in wilden Stücken meinen Ärger über die Tasten fegen.

Auch dieses Mal wurde das arme Instrument nicht gerade liebevoll behandelt. Ich ließ meine Finger mit Wucht auf die Tasten fallen zu schrecklichen Misstönen. Als sich mein Inneres ein wenig beruhigt hatte, sah ich auf der Ablage das frühere »Jesu Name«-Liederbuch stehen. Fast unwillig öffnete ich es. Ich hoffte, darin eine Antwort zu finden, obwohl ich sicher nicht in der richtigen Stimmung dazu war. Zufällig hatte ich das alte Lied von Hedwig von Redern aufgeschlagen, das sich wie eine Antwort auf meine ungewisse Zukunft anhörte:

Weiß ich den Weg auch nicht, du weißt ihn wohl.
Das macht die Seele still und friedevoll.
Ist's doch umsonst, dass ich mich sorgend müh,
dass ängstlich schlägt mein Herz, sei's spät, sei's früh.

Staunend las ich weiter.

Du weißt den Weg für mich, du weißt die Zeit.
Dein Plan ist fertig schon und liegt bereit.
Ich preise dich für deiner Liebe Macht.
Ich rühm die Gnade, die mir Heil gebracht.

Es war kaum zu fassen, dass da genau stand, was mich gerade bewegte!

Du weißt, woher der Wind so stürmisch weht.
Und du gebietest ihm, kommst nie zu spät.
Drum wart ich still, dein Wort ist ohne Trug.
Du weißt den Weg für mich, das ist genug.
(Worte von Hedwig von Redern, 1901)

Nachdenklich saß ich auf dem Klavierstuhl. Hatte

Gott nicht für alles einen Plan? Wusste er nicht schon jetzt, was wirklich gut für mich war? »Welch ein Esel bin ich doch«, so ging es durch meinen Kopf, dass ich mich von einer Nachricht, die mir nicht gefällt, so durcheinanderbringen lasse!

Mit diesen Liedversen war natürlich noch nichts gelöst. Aber Gott hatte mich auf liebevolle Weise genau dieses Lied aufschlagen lassen! Da war ein Mensch wohl in ähnlicher Lage, wie ich es gerade war. Doch dieser Mensch vertraute Gott zuversichtlich, dass ER den Weg wusste und die Zeit.

Ja, das wollte auch ich, wollte vertrauen, auch wenn mein Kopf rebellierte. Mein Glaube an Gott sollte nicht nur eine Religion für Wohlfühltage sein!

An einem der folgenden Sonntage predigte in unserer evangelischen Kirche Pfarrer Walter Trobisch, der dort früher als Vikar eine Stelle hatte. Erst vor Kurzem war er mit seiner Frau und fünf Kindern aus Kamerun zurückgekommen. »Das ist dein Platz!«, fühlte ich, während ich der Predigt zuhörte. War es eine Stimme oder einfach die Gewissheit, dass Gott mich dort haben wollte?

Als mein Vater später über meinen Eindruck mit Pfarrer Trobisch sprach, reagierte dieser erfreut: »Wir haben kaum Geld, um jemanden zu bezahlen, aber wir bräuchten dringend Hilfe. Unsere fünf Kinder sind alle unter zehn Jahre alt.«

Ein Jahr lang war ich danach in Mannheim in der Trobisch-Familie tätig, ein reiches Jahr! Ich lernte nicht nur zu kochen, flüssig Englisch zu sprechen, Gäste zu bewirten und Hausaufgabenbetreuung für die Kinder zu machen. Mein späterer Mann ging dort als Theologiestudent ein und aus. Auf diese Weise lernten wir uns kennen und lieben.

Durch die Eheberatungsarbeit der Trobischs kamen wir früh in Kontakt mit Eheproblemen und anderen Nöten und hatten letztlich unsere ersten Lektionen in Eheberatung, bevor wir selbst verheiratet waren.

Die folgenden drei Jahre verbrachte ich in der Ausbildung als Krankenschwester in Frankfurt. Auch dort konnte ich manches Gelernte schon umsetzen, wenn sich junge Menschen mit Problemen an mich wandten. Diese Einführung in Beratungs- und Ehetherapie wurde uns später in der eigenen Ehe zum Segen, aber auch für viele andere Menschen, denen wir helfen durften.

Damals wusste ich den Weg nicht. ER aber kannte ihn bis in Einzelheiten. Ich hatte Pläne, aber SEIN Plan war weit besser.

Die letzten Worte des zweiten Verses des Liedes münden in einen Lobpreis zu Gott:

Ich preise dich für deiner Liebe Macht.
Ich rühm die Gnade,
die mir *(das und den!)* Heil gebracht.

Dass mein Mann ausgerechnet ›Heil‹ heißt, wurde für mich dann von doppelter Bedeutung.

X

X-mal vergeben
statt x-mal sich erinnern und nachtragen
X-mal wieder aufstehen und nicht aufgeben
statt einmal fallen und liegen bleiben
X wie G'sangbuch und g'sund werden
statt g'sang- und klanglos dahinvegetieren
Xylophon klingen lassen oder CD hören,
wenn die Seele nicht mehr allein singen kann
X-mal zu meiner betrübten Seele sagen:
Gott wird dir beistehen und dich niemals verlassen

Zum x-ten Mal vergeben

Corrie ten Boom ist eines meiner großen Vorbilder. Wie vielen Menschen sie in ihrem Leben vergeben hat, ist wohl kaum nachzuzählen.

Da waren Leute, die ihre Familie verraten hatten, indem sie anzeigten, dass Juden bei ihnen versteckt waren. Da gab es Soldaten, die sie, zusammen mit ihrer Schwester und ihrem alten Vater wie Vieh auf einem Lastwagen in ein Lager schleppten. Dort litten sie unter Aufseher und Aufseherinnen, die auf schreckliche Weise mit ihnen umgingen. Ihr Vater starb, ebenso ihre geliebte Schwester. Nach Kriegsende begegnete Corrie Menschen, die ihre Familie misshandelt und ausgerottet hatten.

Wenn Corrie nicht x-mal vergeben hätte, wäre sie sicher in Depression und Bitterkeit elend gestorben. Doch Gott gab ihr die Kraft, x-mal zu vergeben.

Jeder Vergebungsversuch ist ein Akt, bei dem unsere Seele heftig rebelliert.

Sie fürchtet sich vor erneuter Verletzung und baut einen Schutzpanzer auf. Das ist dann aber oft auch ein Panzer, hinter dem die erfahrene Verletzung Eiterbeulen bildet, die nicht heilen.

Manche Wunde braucht mehrere Behandlungen, bevor sie bereit ist, sich zu schließen.

Der Feind Gottes mag es, wenn wir Verletzungen pflegen. Seine Masche ist es, uns vorzumachen, wir wären geschützt, wenn wir den Panzer der Bitterkeit als Selbstschutz um uns breiteten.

Uns Menschen ist es nicht möglich, Altes wirklich zu vergessen. Deshalb hört man das Sprichwort: »Vergeben habe ich, aber vergessen kann ich nicht.« Das heißt nichts anderes, als dass wir uns immer wieder erinnern. Aber vergeben wir dann auch immer wieder?

Corrie ten Boom schreibt in einem ihrer Bücher, wie sie tief enttäuscht wurde von Menschen, die sie liebte. Das ist noch schwerer, als von Feinden verletzt zu werden.

Sie wurde den Schmerz einfach nicht los, obwohl sie ihn zu Jesus gebracht hatte. Als die alte Sache sie immer wieder beschäftigte, ging sie zu einem Seelsorger. »Es ist wie bei einer Glocke, wenn sie angestoßen wird. Auch wenn man sie nicht erneut zum Schwingen bringt, klingt sie nach. Doch schließlich schweigt sie. Stoßen Sie die Glocke nicht mehr an! Dann werden die Töne immer leiser und seltener werden«, riet er ihr.

So ist es mit Vergebung. Wann immer eine alte Geschichte uns plagen will, dürfen wir der Glocke sagen: »Ich weiß, was dich zum Schwingen brachte. Aber du hast ausgeläutet!«

Je nachdem, wie stark die Glocke angestoßen worden war, umso länger braucht es auch, bis sie zu läuten aufhört.

Das bedeutet ganz praktisch: x-mal vergeben, ganz willentlich, damit das Läuten irgendwann endet! Gott gebe uns die Kraft und den Willen dazu, sie ausläuten zu lassen.

X-mal wiederholen

Der Tagestext in den Losungen bewirkte Fröhlichkeit in mir. Diesen Vers wollte ich mit in den heutigen Tag nehmen. Aber immer, wenn ich ihn wiederholen wollte, entglitt mir der Wortlaut. Ja, es stimmte offensichtlich, dass wir mit zunehmendem Alter nicht mehr so leicht auswendig lernten.

Umso mehr staune ich über meine Mutter. Sie wurde in diesem Jahr 95. Immer noch umhäkelt sie Handtücher, um Freude zu bereiten, und schreibt Briefe an Menschen, die Zuspruch brauchen.

Leider hört sie nicht mehr gut und kann deshalb auch nicht mehr richtig singen. Das hindert sie aber nicht daran, Gesangbuchverse aufzusagen und auch neue dazuzulernen. Sie übt unentwegt irgendetwas, das ihre Seele aufbaut. Und damit ermutigt sie auch Menschen, die ihr begegnen.

Einer ihrer Lieblingsverse ist: Der Herr ist gütig und eine Feste in der Zeit der Not und hilft denen, die ihm vertrauen. (Nahum 1,7)

Diese neu gelernten Verse wiederholt sie immer wieder, auch wenn sie bei mir zu Besuch ist. So kommt es, dass auch ich manche Verse auswendig kann, einfach durchs Hören.

X-mal das Gute wiederholen, das rät auch Dr. Leaf, eine amerikanische Gehirnforscherin. Sie hat entdeckt, dass Gutes sagen das eigene Gehirn anregt, besser zu arbeiten. Gutes weitergeben wirkt wie ein anregendes Vitamin, das Kräfte weckt.

Wie viel mehr wirkt dann das lebendige Wort Gottes!

Bereit sein für den Tag X

Keiner von uns kennt den Tag X, nämlich den Tag, der für ihn der letzte auf dieser Erde sein wird. Sind wir darauf vorbereitet? An meiner Mutter kann ich sehen, wie man sich darauf freuen kann. Sie lebt mit der Jahreslosung von 2013: »Wir haben hier keine bleibende Stadt, sondern die zukünftige suchen wir.« (Hebräer 13,14)

Dieses Jahr feierten wir ihren 95. Geburtstag. Ihr Leben ist für mich ein Zeugnis, wie es »geht«, die himmlische Stadt zu suchen. Für ihre Reise hat sie alles vorbereitet. Auf jedem Bild an der Wand, auf Klavier und Blumenvasen sind Aufkleber angebracht, wer dieses Stück nach ihrer Abreise bekommen soll. Mit dem Reisepass unter ihrem Kopfkissen schläft sie ein, damit alles bereit ist, falls Gott sie in der Nacht in die himmlische Heimat rufen sollte.

»Der Sarg soll geschlossen bleiben«, lautet ihre Anweisung. Wir werden ihren Wünschen entsprechen. »Niemand braucht sich an das ausrangierte, veraltete Modell meines Erdenlebens erinnern«, meint sie. »Nach dieser Reise wird mein Aussehen herrlich verändert sein, faltenlos!«

Wir haben hier keine bleibende Stadt! Das sollte das Motto bei allen unseren Entscheidungen sein. Unter dem Aspekt der Vorläufigkeit verblassen alle Kämpfe um Erfolg, Ehre, und Reichtum. Es spielt auch keine Rolle mehr, wer Recht hat. Auf der Suche nach dem, was bleibt, gewinnen wir den Blick für das Wesentliche.

Wenn wir die vergängliche Stadt hinter uns lassen werden, ist nur eines wichtig:

dass wir den gefunden haben, der den Weg zur unvergänglichen Stadt kennt. Wer ihm schon hier sein Leben anvertraut hat, den wird er als Reiseführer auf dem Weg in die ewige Wohnung begleiten, die er für die vorbereitet hat, die ihn lieben.

Bereit für den Tag X?

Y

Y wie übermorgen –
geduldig auf Gottes Stunde
warten
statt aufzugeben
Überwinder werden
statt sich vom Bösen überrumpeln zu lassen
Überlebenstraining
statt Perfektionismus
Übermorgen wird Gott sorgen!
Lass dich überraschen von Gottes Auswegen
aus deiner Überforderung!

Nicht nur das Heute und das Morgen, sondern auch das Übermorgen!

»Die Mami hat wohl die Schlafkrankheit«, flüsterten sich unsere Kinder zu, wenn ich mich wieder zum Ausruhen hinlegte. Aber selbst dort kam ich nicht zur Ruhe, denn ein übler Husten plagte mich.

Schließlich wurde klar, was mir fehlte: Eine zentrale Viruspneumonie hatte mich fest im Griff. Die Ärzte wollten mich lieber im Krankenhaus sehen. Doch als ich erfuhr, dass man eigentlich nichts weiter tun konnte, als abzuwarten, wollte ich lieber zu Hause sein.

Durch die Krankheit war ich so geschwächt, dass ich kaum aufstehen konnte. Liebe Freunde halfen mit, die Familie mit Essen zu versorgen. Unser jüngstes Kind hatte ich im Schlafzimmer bei mir, damit mein Mann arbeiten konnte.

Immer wieder erwachte ich aus tiefer Erschöpfung und hing trüben Gedanken nach. Wie ging es weiter, wenn ich ständig ausfiel? Würde ich diese Krankheit überhaupt überstehen? Wer würde für unsere Kinder sorgen im Falle meines Todes? Wahrscheinlich würden sie alle auseinandergerissen werden und in verschiedenen Familien untergebracht! Würde mein Mann wieder heiraten? Still weinte ich vor mich hin in unendlichem Schmerz, der mein Herz zerriss.

Es war Sommer. Warm schien die Sonne durchs offene Fenster. Da flog ein Sperling herein und setzte sich aufs Fensterbrett. Er pickte irgendwelche Krümel auf, die dort lagen.

Fröhlich zwitscherte er, obwohl er nicht einmal wusste, ob es morgen noch etwas für ihn zu fressen gab. Jesus sagt, dass der himmlische Vater nicht einmal den Spatzen vergisst (Lukas 12,6). Der himmlische Vater sorgt für ihn.

Für mich war das wie eine Botschaft von Gott selbst an mich: »Wenn ich mich um den kleinen Vogel sorge, werde ich auch für dich und die Deinen sorgen.« ER kannte mich und wusste um mich, wie er um den Vogel wusste.

Wieder schüttelte mich ein Hustenanfall. »Ja, ER weiß auch um mich und wird für mich sorgen«, das wollte ich wieder ganz neu festhalten.

Bis heute hat der Vater im Himmel für mich und unsere ganze Familie gesorgt. Nicht nur das Morgen hat er für mich geregelt, sondern auch das Übermorgen, bis heute!

Übermorgen und Vorgestern sind in Gottes Hand

Oliver Cromwell war ein bedeutender, englischer Staatsmann.

Einer seiner Sekretäre war für ihn in einer wichtigen Angelegenheit unterwegs. Dieser Mann nahm seine Aufgabe sehr gewissenhaft wahr. In der Nacht vor einem entscheidenden Gespräch konnte er nicht schlafen. Stunde um Stunde verging.

Sein Diener, der ihm auf dieser Reise zur Seite stand, hatte dagegen einen gesunden Schlaf. Als dieser zu sich kam, klagte der Sekretär ihm seine Unruhe: »Es bereitet mir solche Sorgen, dass unser Vorhaben misslingen könnte.«

Der Diener bat darum, zwei Fragen stellen zu dürfen. »Sicher«, war des Sekretärs Antwort.

»Herrschte Gott über die Welt, bevor wir geboren wurden?«

»Natürlich«, war der Sekretär überzeugt.

»Wird er über die Welt herrschen, nachdem wir gestorben sind?«

»Ja, das wird er!«, nickte dieser.

»Mein Herr, sollten wir ihm dann nicht auch die Gegenwart überlassen?«, forderte der Diener seinen Herrn auf.

Dieses Gespräch erweckte in dem Sekretär neues Vertrauen in Gottes Führung. Er kam zur Ruhe. Nur kurze Zeit später soll er, so wie der Diener zuvor, in einen tiefen Schlaf gefallen sein.

Übermorgen, wenn ich alt bin

Es gab immer wieder Menschen, deren Leben erst sehr spät zur Bestimmung fand. Dann, wenn eigentlich keine Zeit mehr zu sein schien, dann, wenn es scheinbar zu spät war, öffneten sich ungeahnte Türen.

Gott hat eben eine andere Zeitrechnung als wir Menschen.

Nelson Mandela saß jahrelang im Gefängnis wegen seines Kampfes um Gerechtigkeit. Mit 75 Jahren öffneten sich endlich die Tore. Er wurde Staatspräsident von Südafrika.

Michelangelo soll erst mit zweiundsiebzig Jahren die Arbeit am Petersdom begonnen haben. Dieses großartige Bauwerk ist heute eines der größten Kunstschätze der Erde.

Wir brauchen also keine Angst zu haben, Gott könnte in unserem Leben zu spät kommen. Wenn Gott uns auf eine bestimmte Weise gebrauchen will, kostet es manchmal Zeit, um uns für das vorzubereiten, was er uns anvertrauen will.

Manchmal sind wir aber so von unseren Ängsten gefesselt, dass wir nicht fähig sind, auf das Morgen zu hoffen. Josef, der Sohn Jakobs, von seinen Brüdern in die Fremde verkauft, gab niemals auf. Sein Motto war: Das, was mir vor die Hände kommt, will ich in Treue verwalten.

Wegen dieser Haltung verfiel er auch nicht in Depression, als er wegen falscher Anschuldigung ins Gefängnis gesetzt wurde. Sogar dort kümmerte er sich um andere.

Letztlich rettete er seine ganze Familie, obwohl eigentlich nicht einmal die Hoffnung bestanden hatte, sie je wieder zu sehen. (1. Mose, Kapitel 37 und Kapitel 39–46)

Gott hat Zeit. Geben Sie nicht auf! Fallen Sie nicht in Verzweiflung oder Hoffnungslosigkeit.

Übermorgen, wenn Sie meinen, dass keine Hoffnung mehr da ist, hat Gott immer noch seine Hände mit im Spiel.

Vertrauen Sie IHM auch für übermorgen! ER wird sorgen!

Z

Zuversichtlich leben
statt zweifelnd zu zagen
Zum Ziel zu Jesus schauen
statt zitternd auf die Schlange
Zeit auskaufen
statt mich mit unnützem Kram zerstreuen
Zuversicht
statt Zwang, Altlasten mit mir zu tragen
Zerrissen ist der Schuldschein am Kreuz
zerre ihn nicht wieder aus der Mülltonne
Zuflucht bei Gott suchen
statt mich von Problemen zerreißen zu lassen
Den Zehnten geben
und staunend zusehen, wie man beschenkt wird
Ans Ziel kommen und aufs Ziel schauen
und vom Ziel her mein Leben gestalten

Der Zehnte, Geheimnis Gottes

Wer Gott gibt, wird sich niemals arm schenken können!

Prüft mich hierin, ob ich nicht des Himmels Fenster auftue und Segen herabschütten werde die Fülle. (Maleachi 3,10)

In der Nachkriegszeit ging es bei uns sehr ärmlich zu. Mein Vater war schon in den ersten Kriegsjahren an einer schweren Lungentuberkulose erkrankt und bekam nur wenig Rente. Wir wohnten sehr beengt. Trotzdem herrschte oft Fröhlichkeit. Manchmal erlaubte uns Mutter, die Pfannkuchen, die mehr aus Mehl, Wasser und Salz als aus Eiern und Milch gemacht waren, mit dem kleinen Spiellastwagen direkt vor dem Kohleherd abzuholen.

Doch an jenem Abend herrschte Bedrückung. Die kleine Rente, die Mutter mittags für den Monat abgeholt hatte, war uns gestohlen worden. Vater war weit weg in Kur, und Mutter wusste nicht ein noch aus. Am Telefonhäuschen berichtete sie Vater von dem Unglück. Zu ihrem Erstaunen fragte er sie als Erstes: »Hattest du wenigstens schon dem Herrn Jesus den Zehnten davon gegeben?« Sie verneinte.

Auf wunderbare Weise schickte Gott uns dann Hilfe. Das erste, was Mutter dabei unternahm, war, sie legte den zehnten Teil weg für Gottes Sache.

Als ich später verheiratet war, übernahmen wir diese Segnung Gottes, wie ich den Zehnten nenne. Das Wichtigste zuerst, wurde unsere Devise. Denn der

Zehnte ist das einzige, was in unserem Leben nicht verloren geht, wenn wir es für Gottes Sache einsetzen.

Wer Gott gibt, wird sich niemals arm schenken können! Wie oft haben wir das erlebt, wenn Gott einem von uns zeigte, dass wir jemandem helfen sollten.

So war es auch bei einem Gottesdienst. Eine Frau sagte, wie dringend sie eine Waschmaschine bräuchte. Während sie sprach, spürte ich im Herzen, wie Gott mir sagte: »Du bist gemeint.«

Doch ich war nicht wirklich bereit dazu. Saßen doch unter den Besuchern viel wohlhabendere Leute, als wir es waren. Die Predigt ging vorbei, ohne dass ich ihr richtig folgen konnte. Innerlich diskutierte ich mit Gott herum und meinte, ihn überzeugen zu müssen, dass wir nicht damit gemeint sein konnten.

Doch zum Schluss des Gottesdienstes gab ich mich geschlagen. Nach kurzer Rücksprache mit meinem Mann übergab ich der Frau das Geld in einem Seitenraum. Sie war überglücklich.

Einige Besucher waren noch länger geblieben. Schließlich gingen auch die letzten.

»Ach, dass ich es nicht vergesse«, meinte Thomas (Name geändert), »bevor ich hierher kam, zeigte Gott mir, ich solle euch etwas mitbringen.« Er drückte einen Zettel in meine Hand. Als ich wieder im Haus war, sah ich, dass es ein Scheck war. Die Summe belief sich auf genau den Betrag, den mir Gott zuvor aufs Herz gelegt hatte, der Frau zu geben!

Gott hätte es doch so viel einfacher handhaben können, indem Thomas der Frau direkt das Geld gegeben hätte! Doch unser großer Gott wollte mich beschenken mit einer neuen Erfahrung: »Du wirst niemals arm, wenn du mir etwas schenkst!«

Jetzt ist es gleich fertig

Nicht alle Kinder gehen gerne mit zum Gottesdienst, vor allem, wenn sie nichts von der Predigt verstehen. Leider wurde in unserer Kirche keine Kinderkirche angeboten. Trotzdem nahm ich unseren Jungen mit. Zu dieser Zeit war er in einem Alter, in dem er keine Wahl hatte, denn er war noch »tragbar«. Er war ein stilles Kind, und so verhielt er sich auch während der ganzen Zeit ruhig, obwohl er sicher nichts von der Predigt verstand. Nur am Ende jeden Gottesdienstes wurde er mit einem Mal ganz lebendig. Er zog meinen Kopf zu sich herunter und flüsterte voller Begeisterung in mein Ohr: »Mama, jetzt ist es gleich fertig!«

Woran erkannte er das Ende? Am Segen, den der Pfarrer über uns aussprach.

Segen ist das, was wir mit in den Alltag nehmen müssen zum Leben und Überleben.
Segen ist Kraft Gottes gegen die Kraft des Bösen, der uns die Freude und den Frieden rauben will. Gottes Segen ist Regenschirm und Regenbogen für den Alltag.

Ich wünsche Ihnen den Segen Gottes!

Segnen heißt auf lateinisch: Bene dicere

Und das meint wörtlich übersetzt ganz einfach: Gutes sagen!

Vielleicht würde das der Schlüssel sein, wie wir zur Einheit finden:

wenn wir nur noch Gutes übereinander und zueinander reden würden.

Im 18. Jahrhundert war eine gewaltige Erweckung in England.

In dieser Zeit wurde ein Gebet von John Wesley (1703–1791) von vielen Christen gebetet. Letztlich ist es das, was Jesus seinen Jüngern als einziges Gebot verordnet hat. »Liebet einander, wie ich euch geliebt habe!« (Johannes 13,34)

Gebet der Familie Jesu Christi

Vater!
Ich liebe meine Schwestern und Brüder
Ich liebe sie, weil du sie liebst.
Ich liebe sie, obwohl sie Fehler haben
und Fehler machen.

Vater!
Ich vergebe ihnen,
wo sie sich gegen mich gewandt haben.
Ich bitte für mich selbst im Namen Jesu Christi
um Vergebung,
wo ich sie nicht liebte,
wo ich mich von ihnen absetzte,
wo ich sie verurteilte, und
wo ich verächtlich dachte oder redete.

Herr!
Ich will mein Herz, meine Gedanken und
meinen Mund bewahren,
dass sie nichts Negatives
und Zerstörerisches denken und
sagen über meine Geschwister.

Negatives über andere
erzähle ich nicht weiter.
Und wo ich von Unsegen höre,
soll das von nun an nur noch ein Anlass sein,
zu vergeben, zu segnen und zu lieben.

Heiliger Geist,
füll mich bitte mit deiner Agape,
und lass mich davon überfließen.
Nur durch dich wird unter uns das Wunder
von Liebe und Einheit wahr.
Danke, Amen.

Zusammenfassung aller Vitamine

In der vollkommenen Liebe
von Jesus Christus
und in der Liebe zu ihm
und der Liebe untereinander
sind alle Vitamine vereint,
die unser Herz braucht,
um sich wohlzufühlen.
Nehmen wir diese am besten
dreimal täglich zu uns,
damit es gar nicht erst
zu Mangelerscheinungen
kommen kann.

Gehalten

In seiner Hand
kann ich das Leben aushalten
Weil ich gehalten bin,
kann ich durchhalten.
Ich kann mich festhalten an ihm,
wenn sonst kein Halt da ist.
Und ich kann andere abhalten,
indem ich ihnen vorhalte,
was er hält und verspricht:

Ich bin bei euch alle Tage!